EL PAIS

País Vasco II

Viajar significa escapar de la rutina, descubrir nuevas rutas, admirar paisajes con encanto, adentrarse en lugares con magia y, siempre, el placer de ampliar nuestros horizontes.

Y es que viajar es un placer y convertirse en viajero toda una aventura.

En ***Repsol YPF*** *sabemos que la curiosidad y el saber son el motor de muchos viajes. Por eso, nos preocupamos por ofrecer los mejores productos y servicios para que los desplazamientos se efectúen siempre cómodamente y en las mejores condiciones.*

Esta firme orientación al servicio es la que nos ha llevado a editar la ***Guía Campsa****, una guía que goza de un prestigio y reconocimiento unánimes que la sitúan, sin duda, como la más completa de España.*

Un compromiso que también nos impulsó a lanzar ***repsolypf.com****, un portal líder que es ya un referente en internet a la hora de planificar las rutas y preparar el viaje.*

Experiencia y vocación que hoy nos lleva a colaborar con ***El País*** *en la edición de esta magnífica colección de* ***Guías El Viajero*** *que tiene en sus manos.*

País Vasco II

INTERIOR

EL PAIS

El Viajero

PAÍS VASCO II
Textos: Javier Echenagusia y María Unceta.
Fotografía: Archivo Nature & Travel (Rafael Delgado, Esther Ramos, Juan Carlos Muñoz, Nano Cañas, José Benito Ruiz, Guillermo Rodríguez, Kyosti Kauppinen, Santiago Rodríguez, Enrique López Tapias, Miguel Ángel Otero, José Ramón San Sebastián y José Latova) con la colaboración de Óscar Fernández.

COLECCIÓN
Proyecto y contenidos de la colección: C&M Iniciativas de Comunicación. **Dirección:** César Hernández. **Coordinación:** Antonio Cortijo y Esperanza Moreno. **Redacción y documentación:** Ignacio Velázquez, Rodrigo Gil, Arancha Gómez y Elena Llamazares. **Archivo y tratamiento de imágenes:** Yeyo Delgado, Cristina San Deogracias, María Luisa Saornil, Alicia Lopesino y Elisa Castaño.

Diseño de la colección: Manuel Estrada.

Balnearios: Teresa Pacheco. **Casas rurales:** Paco Nadal. **Hoteles y paradores:** Fernando Gallardo. **Monasterios:** Paca Arceo. **Restaurantes:** José Carlos Capel. **Director de realización:** Víctor Benayas. **Coordinación editorial:** Paca Arceo. **Coordinación de maquetación:** Fernando de Santiago. **Maquetación:** Alfonso Domingo Sánchez, Manuel Prieto, Javier Gutiérrez, V. Sanz Egea y Mercedes Sánchez.

Edición gráfica: Marieta Pedregal y Elisa R. Mira. **Corrección de textos:** Sandra Barbero, Rafael Díaz Ayala, Carlos García, Javier Olmos, Natalia Pérez y José Miguel Torrente. **Ayudante de corrección:** Cristina Moreno. **Índices:** Carmen Bermúdez. **Mapas:** Jorge Redondo, Manuel Pizarro/ZAK studio.

Sumario

Álava/Araba

EL PAIS
El Viajero

De esta edición:

Miguel Yuste, 40, 28037 Madrid

ISBN: 84-9815-107-4
ISBN obra completa: 84-9815-108-2
Depósito legal: M-15.028-2005
Impreso en España por Atanes, Móstoles (Madrid), junio de 2005

Introducción

UN LABERINTO DE VALLES organiza la diversidad geográfica del País Vasco. Cortos y de fuerte pendiente en la vertiente atlántica; más amplios los que miran hacia el sur. Todo aparece dominado por el monte. En este escueto territorio se halla gente dispersa en los caseríos, que siguen siendo un referente cultural en una de las zonas más urbanizadas de la Península, y más concentrada en las ciudades pequeñas y medianas.

La Guipúzcoa interior en nada desmerece de su celebrada costa. La naturaleza se muestra espléndida en el Leitzaran, Aralar o el Aitzgorri. Se multiplican los pequeños pueblos con encanto: Segura, Zerain, Zegama... Y están las pequeñas grandes ciudades como Tolosa, Oñati, Bergara, Azpeitia o Azkoitia. Además, un balneario en Zestoa y lugares de fuerte personalidad

religiosa como Loiola, Arantzazu y Santa María de la Antigua, en Zumarraga.

Vizcaya es similar pero a la vez distinta, menos encrespada, más abierta. Tiene espacios naturales del porte de Urkiola, la vertiente norte del Gorbeia y los pliegues de las Encartaciones, que en Karrantza alcanzan su clímax. También aparecen por aquí pequeñas ciudades llenas de atractivo: los palacios de Elorrio, el empaque de Durango, la sorpresa de Markina-Xemein y Orduña.

Gasteiz aparece siempre en las clasificaciones que hablan de las ciudades que merecen ser vividas. Con un casco antiguo y un Ensanche modélicos, en su entorno inmediato la Llanada Alavesa ofrece sus evidencias: pinturas góticas de Gaceo y Alaiza, Estibaliz y villas como Agurain (Salvatierra) o Zalduondo. La vertiente sur del Gorbea marca un hito de naturaleza de la que no desmerece Valderejo, espectacular en sus gargantas y cañones. La Cuadrilla de Aiara (Ayala), a la sombra de la sierra Salvada, esconde el castillo-convento de Kexaa (Quejana) y la medieval Artziniega. En un costado nace el Nervión, y en la montaña alavesa surgen las cuevas rupestres, junto a Urizaharra (Peñacerrada). En Gesaltza, las salinas son un espectáculo inusual, mientras que la torre-museo de Villanañe propone una inmersión en la historia. Al pie de la sierra de Cantabria está la Rioja alavesa de arte y cultura, ciudades y bodegas.

Cómo utilizar esta guía

Código de colores
El cambio de color indica el paso de una provincia a otra

Pictograma
Código que indica en cada doble página si se trata de un paraje natural, un pueblo con encanto, un espacio urbano, un museo, un monumento, un sitio arqueológico u otro lugar de interés

Lo esencial
Doble página que reúne los puntos más significativos de poblaciones destacadas. Algunos de esos puntos se desarrollan en las páginas siguientes

Alojamientos con encanto
Se incluyen los establecimientos con encanto situados en la localidad o zona

Localización
Se indica la población o la zona geográfica y/o la provincia

Guardas traseras
Incluyen un mapa con las localidades que ofrecen al viajero alojamientos y restaurantes

Guardas delanteras
En el mapa se representa los distintos lugares comentados en la guía. Se incluye la enumeración de los puntos a visitar

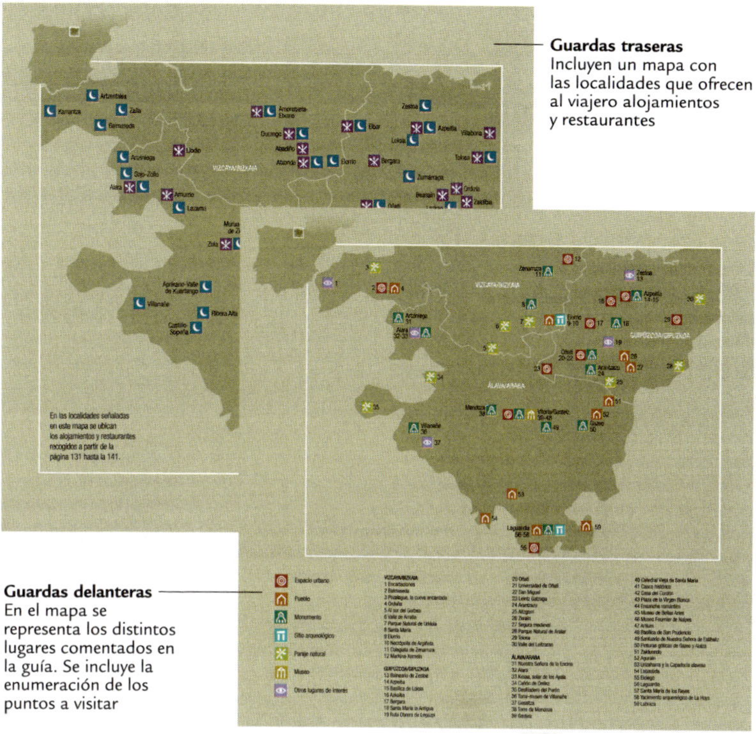

Guía de alojamientos y restaurantes
Las páginas finales contienen el listado de alojamientos y restaurantes de la zona

Alojamientos y restaurantes

Álava/Araba

Aiara

Amurrio

Aprikano-Valle de Kuartango

Artziniega

Burgelu

Castillo-Sopeña

Estibaliz

Laguardia

132

133

Pictograma
Cada establecimiento va precedido de un pictograma que indica si se trata de un hotel o de un restaurante

Precio
El precio de los restaurantes se indica mediante las letras A, B, C o D en función de la franja de precios que abarque. *(Ver pág. 131)*

Encartaciones esencial

Güeñes

La iglesia de Santa María luce portada isabelina —la llamada puerta del Sol— con su gran arco conopial y despliegue de gótico florido. El Ayuntamiento de Güeñes está instalado en Villa Urrutia, una vistosa mansión de indianos en el mejor estilo afrancesado.

Torre Loizaga

En Sopuerta se encuentra este castillo reconstruido en los años ochenta del pasado siglo con torre, muralla y foso con puente levadizo. En su interior hay un sorprendente museo de automóviles en el que destaca la colección de 42 Rolls-Royce, además de Jaguar, Mercedes y otras marcas de lujo.

Karrantza

Paisaje rural de montaña salpicado de pequeños valles apenas roto por barrios diminutos. El Parque Ecológico de Bizkaia, en la finca del Karpin, con un variado muestrario de fauna ibérica, el balneario de El Molinar y la cueva de Pozalagua son especialmente interesantes.

Gordexola

En Gordexola se produce la mayor concentración de casas-torre, tan típicas del País Vasco, surgidas al calor de las luchas banderizas de los siglos XIV y XV: Urrutia, Garay, Llano, La Puente y Villa. También son de interés las villas de indianos y los palacios.

MONTUOSA TIERRA EN EL BORDE SUROESTE de Bizkaia, las Encartaciones se ofrecen al viajero como un rincón escondido de la geografía vasca. La oferta incluye el muy rural valle de Karrantza, con las curiosas estalactitas de la cueva de Pozalagua; museos como el de Rolls-Royce de Torre Loizaga o el de la Casa de Juntas de Abellaneda. Además, el puente de la Muza y San Severino en Balmaseda, casas-torre en Gordexola y gótico plateresco por Gueñes.

Balmaseda

La extraordinaria iglesia gótica de San Severino y el medieval puente de la Muza que salva el Kadagua son los más notables monumentos de Balmaseda. Sin olvidar el casco viejo, la lonja del Ayuntamiento, una magnífica mezquita civil y el conjunto de Santa Clara.

Lanestosa

Más Cantabria que Bizkaia, Lanestosa es una pequeña villa medieval cuidada en extremo. Es extraordinario el paseo por sus tranquilas calles de estructura gótica cuajadas de viviendas y paralelas al río Calera. En la plaza de la iglesia se hallan bonitas casas con galería y balconadas.

Museo de las Encartaciones

En la Casa de Juntas de Abellaneda, originaria del siglo XIV, se celebraban las Juntas Generales Encartadas. La mayor parte del conjunto es una intervención historicista, con un nuevo edificio destinado a museo de la historia y formas de vida de las Encartaciones.

Balmaseda

BALMASEDA SE LOCALIZA EN UNA ENCRUCIJADA de caminos y a orillas del Kadagua. No es de extrañar que el tótem urbano sea un puente, sobre el río y soportando el camino. Conserva el trazado de su casco medieval, con tres calles paralelas y cantones que las atraviesan. Sobresalen aquí glesias, casonas, conventos y alguna villa de indiano. Destacan también San Severino y el Ayuntamiento, con una curiosa lonja con arcadas apodada "la mezquita".

San Severino

Templo de vocación jacobea, amplio y hermoso, es el monumento más notable. Alberga una joya del mejor gótico: la capilla del Santo Cristo, fundada en 1545 por Juan de Urrutia, en la que hay un retablo plateresco atribuido a los hermanos Beagrant.

Puente Viejo

Es imprescindible asomarse al puente de la Muza, que junto a la iglesia de San Juan salva el Kadagua. Puente medieval del siglo XIII con tres ojos, era paso obligado del camino de Castilla. Aún conserva el torreón en el que se pagaba el peaje para entrar en esta localidad de comerciantes.

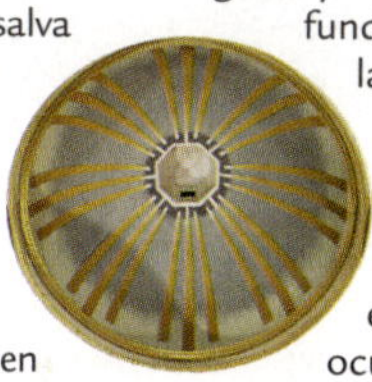

Santa Clara

El conjunto de Santa Clara cuenta con hotel, iglesia y museo. Fue fundado por Juan de la Piedra y Verastegui, mercader de Balmaseda. Se terminó en 1643, ocupándolo religiosas clarisas de clausura. Cuenta con una sencilla fachada con escudos y una buena colección de retablos en el interior. Hay un órgano barroco de 1777 en el coro.

Pasión viviente en Balmaseda

Cristo, María, Magdalena, Caifás y sus fariseos, Pilatos y todos los personajes relacionados con la Pasión de Cristo. La de Balmaseda es sin duda una de las Semanas Santas más singulares. No menos de 500 actores no profesionales, gentes de la localidad movidas por el respeto a la tradición, escenifican año

tras año las principales escenas de la Pasión de Cristo, desde la Última Cena hasta el Calvario; con el añadido de la estremecedora procesión del Silencio que acompaña el cuerpo de Cristo al cementerio.

INFORMACIÓN
Oficina de Turismo
Tel. 946 80 02 26
www.enkartur.net

Pozalagua, la cueva encantada

KARRANTZA, EL MUNICIPIO MÁS GRANDE DE BIZKAIA, es un extraordinario conjunto de verdes valles en la zona más occidental de las Encartaciones. Entre sus montes se encuentran las llamadas Peñas de Ranero, en el límite con Cantabria. En sus raíces kársticas se esconde un extraordinario conjunto de cavidades entre las que destaca, por su accesibilidad, la cueva de Pozalagua, con su vistosa concentración de curiosas estalactitas en la llamada sala Versalles.

Sala Versalles

Descubierta por accidente, la cueva de Pozalagua está formada por una sala única de 125 metros de largo, una anchura de 70 metros y una altura de 12 metros: la llamada sala Versalles, con su enorme "columna central", que acoge la máxima concentración de estalactitas insólitas.

CASA DE ESPIRITUALIDAD Y ACOGIDA VICENTE PALLOTTI

Barrio del Molinar, 17 (Karrantza).
Tel. 946 80 60 02
Un bello caserío vasco-francés. Es frecuentado sobre todo por grupos interesados en cursos de autoestima y sanación, retiros organizados por la comunidad y dirigidos por psicólogos, fisioterapeutas, sacerdotes, etcétera. *(Ver pág 140-141)*.

Peñas de Ranero

Las de Ranero son una suerte de paraíso para los espeleólogos. Además de Pozalagua se encuentran las cuevas prehistóricas de Venta Laperra y la llamada Torca del Carlista: 150 metros de bajada a rappel hasta tocar el suelo de la cavidad kárstica más grande y espectacular de Europa.

Zoológico Karpin

Gran superficie de 20 hectáreas que fue propiedad de Víctor Chávarri. Acoge un peculiar zoológico con numerosas especies animales autóctonas.

En su interior hay un enorme palacio, llamado Fuentelavirgen, que está en proceso de restauración. Convive una amplia representación de la fauna ibérica y europea: lobos, gamos, osos, linces, buitres, hurones, ciervos, jabalíes y un nutrido grupo de aves, entre las que destacan las zancudas, además de las rapaces diurnas y nocturnas. Más de 50 especies que crecen en un hábitat naturalizado.

INFORMACIÓN

Tel. 902 19 73 61
Zoológico Karpin
Tel. 946 10 70 66
Pozalagua
Tel. 649 81 16 73
ww.karrantza.com

Orduña

EN EL FONDO DEL AMPLIO VALLE DE ARRASTARIA, protegida por un soberbio cerco de montañas, Orduña es la única ciudad de Bizkaia por privilegio concedido por los Reyes Católicos. Además de los restos de muralla, la iglesia de Santa María y el santuario de la Antigua, disfruta de un casco urbano que conserva su planta medieval y cuyas diez calles confluyen en la plaza de los Fueros, verdadero corazón de la ciudad.

Plaza de los Fueros

Verdadera plaza mayor, amplia y con soportales en sus cuatro costados, los hastiales. A ella se asoman la Aduana, el Ayuntamiento, edificio barroco de principios del XVIII que incorpora una de los torreones de la vieja muralla, y la iglesia jesuítica de San Juan, que inauguró el barroco en Bizkaia.

Aduana

Sobre el camino de la lana que unía la meseta con los puertos cantábricos, Orduña siempre vivió del tráfico de mercancías. Fruto de ello es la Aduana, formidable edificio neoclásico construido en tiempos de Carlos III. Actualmente se acomoda para alojar un establecimiento balneario.

Santa María

Atravesando el arco que se encuentra bajo el Ayuntamiento se accede a la iglesia parroquial de Santa María, poderosa fábrica gótica del siglo XV que en tiempos formó parte de la muralla de Orduña. Conserva el adarve cubierto horadando los contrafuertes. También tiene un magnífico retablo flamenco en la capilla de San Pedro.

INFORMACIÓN
Ayuntamiento
Tel. 945 38 30 03
www.orduna.org

Santuario de la Antigua

Este templo barroco, de monumental y severa fachada, goza de gran tradición popular. Dentro se conserva la imagen titular del templo, asentada sobre un moral tal y como se apareció según la leyenda. Destaca la cúpula decorada con pinturas que se eleva sobre el crucero de la iglesia. Bajo el pórtico del convento carmelita, junto al templo, aún sobrevive la primitiva puerta gótica de acceso. En lo alto del monte Txarlazo queda una enorme replica de la Virgen realizada en hormigón armado a principios del siglo pasado.

Al sur del Gorbeia

Para alaveses y vizcaínos el Gorbeia es mucho más que un monte. Es además un símbolo, una seña de identidad. Se trata de la cumbre más elevada de Araba y Bizkaia, territorios que comparten su cumbre y se reparten las 20.000 hectáreas del Parque Natural. Las cuevas legendarias, Mairuelegorreta, y una tradición pastoril y carbonera aumentan los atractivos de este macizo cuya vertiente sur muestra su cara más amable.

Cruz del Gorbeia

En la cima del Gorbeia, metálica, construida en 1907 y con 17 metros de altura, es uno de los símbolos del montañismo vasco. Hubo otra de 33 metros, pero la derribó un temporal. Se levantó en 1899 siguiendo la recomendación de León XIII para conmemorar la llegada del nuevo siglo cristiano.

Parque Natural

Ocupa una superficie de 20.000 hectáreas que se extienden por los territorios de Bizkaia y Araba, marcando la divisoria de aguas atlántico-mediterránea. Es en la vertiente sur-alavesa donde se producen las mejores agrupaciones boscosas, mientras que la cima es área de pastos y brezales.

Hayedo de Altube

Entre los ríos Altube y Bayas se extiende este espléndido bosque con una superficie de 2.000 hectáreas. A pesar de la austeridad del hayedo, tan frondoso que dificulta la aparición de otras especies, no es difícil encontrar también buenas agrupaciones de robles. Además, conviven aquí ciervos, corzos y jabalíes.

Nuestra Señora de Oro

El santuario de la patrona de Zuia se eleva en un atractivo paraje, en el extremo del valle y sobre la ladera de las Peñas de Oro. Hubo una ermita anterior que María López de Haro donó en 1138 al monasterio de Nájera. La actual es edificio de dos cuerpos: el templo y la cofradía con un pequeño bar-restaurante. El interior es sobrio, y la joya es la imagen de la Virgen de Oro, una talla románica del siglo XIII. Frente al santuario se encuentra un crucero de 1605 con relieves de Cristo y La Inmaculada, muy deteriorados por el paso del tiempo.

INFORMACIÓN

Oficina de Turismo de Zuia
Tel. 945 43 01 33

Valle de Arratia

LA ZONA MÁS MERIDIONAL DE BIZKAIA EN EL LÍMITE con Araba está entre el curso del río Ibaizabal, al norte, y el macizo del Gorbeia, al sur. El río Arratia nace en el Gorbeia y recorre de sureste a noroeste una de las comarcas más despobladas y rurales del territorio vizcaíno. Los paisajes ofrecen aquí grandes atractivos: extensas praderas, laderas verdes salpicadas de caseríos antiguos, cuevas misteriosas y cumbres que dibujan el telón de fondo.

Dima e Igorre

Una hermosa carretera separa Otxandio de Dima. En el casco urbano, con buenas casas y la ermita de la Piedad, destaca la iglesia de San Pedro y su retablo barroco. En las afueras se encuentra la cueva de Baltzola. También Igorre está rodeada de montes y bosques. Merece una visita su iglesia parroquial.

GUIKURI

Guikuri, 1 (Murua-Valle de Zigoitia, Araba).
Tel. 945 46 40 84 / 615 78 23 23

Ambiente rural a caballo entre la casa tradicional y la más atrevida vanguardia del interiorismo. El caserío lo forman dos viviendas contiguas; una, la de los propietarios; la otra, para los huéspedes. *(Ver pág. 134).*

Areatza y Artea

En Areatza, con un hermoso casco urbano, destacan la iglesia, el palacio de Riscal, del siglo XVI, y el Ayuntamiento. En Artea se ha acondicionado el Ecomuseo del Caserío Vasco, dedicado al mundo rural.

INFORMACIÓN

Información Turística
Tel. 946 31 55 25
Centro de Interpretación del Parque Natural de Gorbeia
Tel. 946 73 92 79
Ecomuseo Etnográfico de Artea
Tel. 946 31 70 86
Museo de Orozko
Tel. 946 33 98 23
www.gorbeialdea.com
www.bizkaia.net

ALREDEDORES

Orozko

Desde Artea, por la BI-3513, se pasa al vecino valle de Orozko, cuya capital es uno de los núcleos rurales mejor conservados de la provincia. Los barrios del pequeño valle reúnen magníficos caseríos construidos en mampostería, con grandes balcones de madera y tejado a dos aguas. Hay también numerosas iglesias porticadas como la de San Bartolomé en Ibarra, la de San Lorenzo en Urigoiti o la de San Martín en Albizu. En el barrio de Olarte se levanta la antigua casa-torre de Aranguren, de piedra y ladrillo, y en Zubiaur puede visitarse un Museo Etnográfico.

Parque Natural de Urkiola

SE EXTIENDE A LO LARGO Y ANCHO DE 5.955 HECTÁREAS en territorio de Bizkaia y una parte de Araba. El parque está presidido por las cresterías calizas de Anboto, Mugarra, Alluitz, Aramotz, Eskubaratz, etcétera. Valles y sierras, barrancos profundos y espléndidos bosques de hayas y encinas conforman este espacio natural muy frecuentado por montañeros y excursionistas. Junto a plantas de interés se da una fauna propia entre la que son especialmente notables las aves rapaces.

Cumbres rocosas de Anboto

La sierra de Anboto, con sus 1328 metros de altitud, es la más característica del parque. El color gris de sus cumbres ejerce un gran atractivo para escaladores y montañeros. Más de 200 itinerarios facilitan la ascensión a la cima, aunque el más habitual es el que arranca del desfiladero de Atxarte.

Hayedos, encinares y robledales

Las mejores concentraciones de masas boscosas se encuentran en el entorno del puerto de Urkiola y también en el ascenso hacia éste por la vertiente sur tomando la carretera que parte de Durango. Más allá del puerto, los hayedos del municipio de Otxandio son un paraíso para los buscadores de setas.

Santuario de San Antonio

En el alto de Urkiola se levanta este templo iniciado a finales del XIX con una torre barroca. Es lugar de devoción y romerías, como la que se celebra el 13 de junio. Tras el santuario se alza un calvario donde se abre un mirador hacia el Duranguesado y las cumbres de Anboto, un paisaje de enorme belleza.

INFORMACIÓN
Oficina de Turismo de Durango
Tel. 946 03 39 38
Centro de Interpretación
Tel. 946 81 41 55
www.nekanet.net/naturaleza

Mari, la Dama de Anboto

En la mitología vasca, Mari de Anboto ocupa un puesto central. Se le atribuye la condición de madre de la naturaleza y su residencia natural sería una cueva de Anboto; según la tradición, cada siete años la Dama de Anboto se trasladaría al cercano monte Oiz. Su presencia en uno u otro lugar sería determinante para el clima local. Ciertas manifestaciones de curanderismo y restos de culturas precristianas que los inquisidores identificaron con brujería, crearon la leyenda de que en Anboto tenían lugar aquelarres acompañados de orgías y actos cruentos.

Santa María

Esta iglesia se distingue por su gran pórtico del siglo XVII. El templo, anterior a esta fecha, es el más interesante de Durango, una hermosa y próspera población capital del Duranguesado. Rica en monumentos y paisajes, la comarca está situada en su mayor parte en el valle del río Ibaizabal y es frontera con Araba y Gipuzkoa. La cresteria de Anboto y los montes Oiz y Udala le sirven de marco.

Arco y parroquia de Santa Ana

De los seis portales que tuvo la muralla de Durango es el único que se conserva. El arco, de factura renacentista, se abre entre potentes muros y está coronado por una balaustrada sobre la que figuran dos torretas y el escudo imperial. Junto a él se alza la hermosa iglesia de Santa Ana, de estilo herreriano.

Iglesia de Santa María de Ullíbarri

Su construcción, iniciada en el siglo XIV, se prolongó hasta el XVII. Con elementos góticos y renacentistas, la nave central ostenta una magnífica bóveda y un retablo del XVI obra de Ruiz de Zubiate, un discípulo del gran escultor Juan de Antxieta. El pórtico, el coro y la torre son dignos de admiración.

CASA DE ESPIRITUALIDAD SANTA TERESA DE JESÚS
Barrio Larrea, 2. (Amorebieta).
Tel. 946 73 05 44
Grupos de cualquier mística, aunque no sean católicos, son bienvenidos siempre que respeten las reglas señaladas por la comunidad. Hay una huerta biológica impresionante. *(Ver pág. 140).*

INFORMACIÓN
Museo de Arte e Historia de Durango
Tel. 946 03 00 30

Otros monumentos del casco histórico

El núcleo medieval está compuesto por cuatro calles paralelas y una transversal. En este recinto y fuera del perímetro amurallado cabe destacar la iglesia gótica de San Pedro de Tabira, el Ayuntamiento neoclásico con pinturas en su fachada, los palacios de Zabala, Etxezarreta y Olalde, y la torre de Lariz.

Elorrio

ESTA POBLACIÓN DEL DURANGUESADO, declarada Conjunto Histórico-Artístico, reúne una excepcional concentración de arquitectura palaciega de los siglos XVII y XVIII. Muchas de estas casas blasonadas fueron levantadas por hijos de la población enriquecidos en América. Elorrio fue fundada en 1356 y amurallada para defenderse de las luchas banderizas entre los distintos clanes medievales. Su entorno cuenta con hermosos caseríos y otras citas monumentales.

Basílica de la Purísima Concepción

Este magnífico ejemplar gótico-renacentista ostenta una hermosa torre inspirada en la Giralda de Sevilla. Construida entre 1456 y 1506, sus ventanales tienen coloridas vidrieras, las bóvedas de crucería sobre esbeltas columnas forman enrevesados dibujos y el retablo principal es una bellísima obra barroca.

MENDI GOIKOA

Plaza de San Juan, 33 (Axpe, Atxondo).
Tel. 946 82 08 33

Dos caseríos gemelos del siglo XVIII en los que se ha respetado su estructura original. Los interiores exhiben el entramado de madera, visillos de encaje en las ventanas y distintos elementos del ambiente rural. *(Ver pág 140)*.

Arquitectura nobiliaria

La mayoría de los palacios se encuentran en el entorno de la plaza del Árbol de Gernika. Junto al de Arespakotxaga puede verse una puerta de la muralla. Los de Iturri, Urkizu, Arriola, Tola y Casajara, entre otros, son barrocos o neoclásicos, con muros de sillería, escudos de piedra y balcones de forja.

ALREDEDORES

Iglesia de San Agustín de Etxebarria

A un kilómetro de Elorrio, su primera construcción se remonta al siglo XI, siendo reedificada y ampliada en el XV en estilo gótico vasco. Un pórtico sobre 32 columnas recorre el exterior; frente a la portada principal una capilla guarda los

cuerpos momificados de los condes de Tabira, fundadores de la iglesia. Cuenta con un retablo plateresco con relieves sobre pasajes de la vida de Cristo. La torre barroca sustituyó en 1740 a una anterior.

INFORMACIÓN

Oficina de Turismo
Tel. 946 82 01 64

Necrópolis de Argiñeta

EN UN PARAJE PRIVILEGIADO A MEDIA LADERA, DESDE donde se domina la villa de Elorrio y sus alrededores, se encuentra la ermita de San Adrian de Argiñeta. Junto a ella, entre robles y rodeado de prados, un recinto rectangular alberga una serie de tumbas con estelas grabadas e inscripciones. La necrópolis corresponde a los primeros tiempos de la cristianización del territorio y fue ocupada como cementerio desde el siglo IX al XII.

Tumbas

Veinte sarcófagos de piedra, uno de ellos doble, se distribuyen en el recinto de la necrópolis. La mayoría tienen por cubierta una gran losa en forma de tejadillo a dos aguas. Entre las tumbas pueden verse también cinco estelas discoideas con signos y dibujos grabados de ascendencia precristiana.

Inscripciones

Varios sarcófagos presentan inscripciones labradas en la piedra. En la mejor conservada de ellas, puede leerse una leyenda en latín cuya trascripción literal sería: "En el nombre de Dios. Momo, viviendo en el cuerpo. En la era de 921". Se trata de la referencia cristiana más antigua de la provincia.

Ermita

Como otras muchas del entorno de Elorrio, se trata de una construcción probablemente del siglo XVI o XVII, levantada sobre otra anterior. Bajo un pórtico que prolonga la techumbre se encuentra la puerta principal, con arco formado por dovelas de piedra de sillería. Los muros son de mampostería.

INFORMACIÓN
www.durangaldea.com

ALREDEDORES

El *txakoli* de Mendraka

La aldea de Mendraka se encuentra muy cerca de la necrópolis de San Adrián de Argiñeta. En uno de los caseríos de este barrio se ha recuperado desde hace unos años la plantación de viñas y la elaboración de *txakoli*, vino blanco, joven y con un punto de acidez que se sirve muy frío. Txelo Gomez Querejeta cultiva las viñas en una superficie de cinco hectáreas en un terreno soleado a 350 metros de altitud. La producción de *txakoli* se hace siguiendo métodos tradicionales a partir de la uva Ondarribi Zuri, una variedad muy clásica en el País Vasco.

Colegiata de Zenarruza

LA COLEGIATA DE ZENARRUZA SE ASIENTA en la ladera del Oiz, uno de los montes bocineros desde el que se convocaba a Juntas Generales. El origen se remonta al siglo X, y dice la leyenda que cuando los vecinos de Gerrikaitz asistían a misa un águila se descolgó de lo alto para tomar entre sus garras una calavera que dejó caer en un lugar lleno de torviscos, que en euskera llaman *zenaorriak* (de ahí Zenarruza). En este lugar erigieron la nueva iglesia.

Única colegiata de Bizkaia

Zenarruza empezó a cosechar un éxito imparable, tanto entre los fieles del lugar como para los peregrinos jacobeos. El momento álgido se produjo en el XIV, cuando fue elevada al rango de colegiata. 25 abades tuvo Zenarruza, de los que el más célebre fue Diego de Irusta, nombrado en 1516.

Iglesia-colegiata

Gótica del siglo XV, con una sola nave y bóvedas de crucería del XVI. Cuenta con retablo y dos capillas renacentistas; la más interesante es la del Abad Irusta, con verja plateresca, un delicado retablo del Descendimiento atribuido a Guiot de Beaugrant, y el sepulcro del abad en madera policromada.

Conjunto

Zenarruza es un polígono irregular de cuatro lados en torno a un espacio central o plaza. Sufrió un incendio en 1954 que destrozó

parte del antiguo hospital, la llamada casa nueva del abad y unas viviendas de colonos. Queda la iglesia-colegiata y el pequeño y armonioso claustro renacentista de 1560.

INFORMACIÓN

Oficina de Turismo
de Markina-Xemein
Tel. 946 16 90 69

Balcón de Bizkaia y Bolibar

Subiendo desde Gerrikaitz se llega hasta el balcón de Bizkaia, espléndido mirador desde el que se contempla buena parte de la provincia. Un itinerario que posiblemente ya hacían los peregrinos jacobeos. Bolibar es un pueblo tan pequeño como encantador, y solar de Simón Bolívar. Un monumento en la plaza recuerda este hecho, y en memoria del Libertador hay un pequeño museo dedicado al linaje y a describir las condiciones de vida en el lugar a lo largo de la historia.

Markina-Xemein

EN EUSKERA, MARKINA VIENE A SIGNIFICAR ALGO así como "tierra de frontera", lo que resulta ajustado, dado que la villa linda ya con Gipuzkoa. Por Markina bajaba el ramal de la ruta jacobea que adentrándose por Bolibar y Zenarruza (Ziortzia) enlazaba con el camino francés. Apenas dos calles que cortan otras tres forman el núcleo antiguo de Markina, breve pero con encanto. Es extraordinaria la iglesia de Santa María de la Asunción.

San Miguel de Arretxinaga

Sorprendente ermita de planta hexagonal y cubierta sexpartita. En el interior del templo hay tres grandes rocas de silicio, piedras que remiten a la pervivencia de antiguos cultos paganos integrados posteriormente por la Iglesia cristiana. Actualmente cobijan el altar dedicado al santo titular.

Santa María

Renacentista de mediados del siglo XVI, es el templo de planta de salón más grande de la provincia. Impresionante la altura de las naves, con decoradísimas bóvedas de terceletes que a medida que se alejan del presbiterio, ganan en complejidad. Se apoyan en seis rotundas columnas de 1,5 metros de diámetro.

Casco antiguo

Goiko Portala es la plaza más característica de Markina, que cuenta con edificaciones notables, como lo son la torre Antxia y la fachada gótica del palacio de Andoategui. Destaca también el Ayuntamiento, con su gran pórtico soportado por columnas y capiteles, y frente a él se sitúa el palacio barroco de Andonaegui.

INFORMACIÓN
www.learjai.com

El oso y el carnaval

Entre las fiestas más ancestrales de Euskadi se cuenta el carnaval. El de Markina es de los más singulares: su *zagari dantzai* es una de las danzas más representativas del carnaval rural vasco, y

recuerda a las *troupes* zíngaras que antaño invadían la localidad durante esta festividad. Aún hoy, el domingo de carnaval una cuadrilla de jóvenes danza por las calles, mientras un oso *(hartza)* acompaña a la comparsa asustando a niños y transeúntes.

Balneario de Zestoa

EN EL CENTRO DEL VALLE DEL UROLA Y en las afueras de Zestoa se encuentra este balneario, el más conocido del País Vasco. Sus aguas termales fueron descubiertas en 1774 y el primer establecimiento de baños se inauguró en 1804. El Gran Hotel, edificio central de las instalaciones, fue construido en 1895 y en las primeras décadas del siglo XX se puso de moda, alcanzando fama internacional. Tanto su entorno como la villa de Zestoa tienen gran interés turístico.

Zestoa, sede de Juntas Generales de Gipuzkoa

Las ordenanzas aprobadas por Enrique IV de Castilla en 1457 confirman a Zestoa como una de las localidades donde habían de celebrarse la Juntas Generales, órgano colegiado del Gobierno de la provincia. En el Ayuntamiento de Zestoa, construido en 1601, pueden verse los bancos que ocupaban los "junteros".

BALNEARIO DE ZESTOA

Paseo de San Juan, 30
Tel. 943 14 71 40
Se encuentra en una hondonada rodeada de montañas y cubierta de una exuberante vegetación. Su interior destaca por la grandiosidad de los espacios y está impregnado por un ambiente *belle époque*. *(Ver pág. 139).*

Casco antiguo de Zestoa

El núcleo original de la población es el barrio de Aizarna, que alcanzó el título de Villa en 1383. Destaca la iglesia de la Asunción. En el centro de Zestoa hay buenos monumentos, como las puertas de la antigua muralla, la parroquia de la Natividad, el Ayuntamiento o la Casa de Iraeta.

Palacio y ferrería de Lili

El linaje de los Lili, una familia noble de Zestoa, está documentado a comienzos del siglo XV. A finales de este mismo siglo se construyó el palacio Lili, una excelente muestra gótica. De planta cuadrada, está rematado por pináculos en sus cuatro esquinas y decorado con gárgolas y molduras. A unos 700 metros del palacio se encuentran los restos de la ferrería. Se conservan parte de los muros del horno de fundición, la presa y el canal de conducción.

INFORMACIÓN

Información Turística
Tel. 943 14 80 74
Balneario
Tel. 943 14 71 40
www.zestoa.net

Azpeitia

ESTA HISTÓRICA CIUDAD GUIPUZCOANA DEJÓ ATRÁS su carácter rural para trasformarse en un activo centro industrial. En su entorno se despliegan antiguos caseríos y hermosos paisajes amenizados por el curso del río Urola. El casco de Azpeitia conserva su trazado medieval, y en las cuatro calles que discurren paralelas al río y desembocan en la plaza Txikia se concentra la mayoría de sus monumentos, iglesias y palacios, de enorme interés.

Iglesia de San Sebastián de Soreasu

Su portada neoclásica, proyectada por Ventura Rodríguez, da paso a un interior espléndido. Realizado en época gótica, cuenta con hermosas bóvedas reticuladas y un retablo principal barroco. Grandes columnas dividen las naves en las que pueden verse las tumbas del obispo Martín Zurbano y de Nicolás de Elola.

Casa de Antxieta

Fue mandada edificar por Juan de Antxieta, músico de los Reyes Católicos, en 1507. La curiosa decoración mudéjar de su fachada responde al contacto que trabaron con este estilo en Granada algunos azpeitianos, pertenecientes a los belicosos linajes feudales que fueron allí desterrados por Enrique IV.

Museo del Ferrocarril

En la antigua estación del Ferrocarril del Urola se expone una extraordinaria colección de locomotoras y vagones de distintas épocas instalados en las vías. En el edificio pueden verse relojes ferroviarios, uniformes de empleados de ferrocarriles y distintos objetos relacionados con la historia del tren.

INFORMACIÓN
Oficina de Turismo
Tel. 943 85 08 43
Museo Vasco del Ferrocarril
Tel. 943 15 06 77
www.azpeitia.net

A los toros en Azpeitia

La gran afición a la fiesta taurina viene de lejos. Tras muchos años en que las corridas se celebraban en la plaza Mayor, en 1903 se inauguró la plaza de toros local coincidiendo con el día de San Ignacio, patrón de la localidad. Un público exigente y entendido, tanto en toros como en toreros, ha ido consolidando la feria taurina que se celebra en torno al 31 de julio. Existe una curiosa tradición: cada día en la corrida, a la muerte del tercer toro, se interpreta un *zortziko* que inicia la banda y corea todo el público.

Basílica de Loiola

AL FONDO DE UNA AVENIDA ARBOLADA Y PRECEDIDO de jardines se proyecta sobre la roca de Izarraitz este majestuoso edificio de aire romano. Su escalinata, su gran cúpula y los pináculos que recorren la portada contrastan con el paisaje rural y los caseríos que la circundan. Loiola es centro de devoción de los católicos de Euskadi y símbolo religioso mundial. La basílica se alza junto al lugar de nacimiento de Ignacio de Loyola, fundador de la Compañía de Jesús.

Basílica

Sobre el templete central se levanta una cúpula de 65 metros de altura coronada por una airosa linterna. A los lados se extienden dos alas de línea sobria. El templo barroco, iniciado en 1689 y terminado en 1738, tiene un suntuoso interior: mármoles de colores, piedra labrada, retablos barrocos y esculturas.

Santa Casa

La basílica está construida junto a la casa-torre de los Loiola en la que nació san Ignacio. Es un edificio-fortaleza y residencia, de piedra y ladrillo, con decoración mudéjar. El patio y las estancias, transformadas en capillas, alojan recuerdos del santo y reliquias reunidas a lo largo de siglos.

CENTRO DE ESPIRITUALIDAD DE LOIOLA
Tel. 943 81 05 08
En el mismo lugar donde nació y pasó su juventud san Ignacio de Loyola. Hace hincapié la comunidad en que sólo reciben a quienes se acerquen con la intención de retiros que los ayuden en la búsqueda del Señor y de la fe. *(Ver pág 138).*

El Soldado de Dios

Ignacio de Loyola, nacido en 1491, pertenecía a una familia alineada con los belicosos clanes nobles guipuzcoanos enfrentados a las libertades de los ciudadanos de las villas. Su abuelo había sido desterrado por este motivo. En su juventud tomó las armas y vivió en las cortes de Nafarroa y Castilla. Convaleciente de las heridas sufridas en la defensa de Pamplona frente a los franceses, decidió cambiar de vida.
Se entregó a la causa de la religión, a la defensa del Papa y del catolicismo frente a la Reforma de Lutero, y fundó la Compañía de Jesús.

INFORMACIÓN
Basílica y Santa Casa
Tel. 943 02 50 00

Azkoitia

POBLACIÓN CON GRAN PESO HISTÓRICO EN GIPUZKOA, durante la Edad Media fue una de las localidades donde se reunían las Juntas Generales. Se conservan varios edificios medievales. En 1764 se fundó aquí la Sociedad Bascongada de Amigos del País, que tuvo un importante papel en el desarrollo económico y cultural del territorio guipuzcoano. En 1766 tuvo lugar la *matxinada*, una insurrección popular desencadenada por la escasez y el encarecimiento del trigo.

Parroquia de la Asunción

Este edificio con imponentes contrafuertes en el exterior fue construido sobre otro templo anterior en los siglos XVI y XVII. En su interior tiene hermosas bóvedas y varios retablos barrocos de interés, además de pilas bautismales románicas y uno de los mejores órganos de la provincia empleado para conciertos.

Etxe-Beltza

Llama la atención en la plaza el color negro *(beltza)* de esta casa-torre medieval. Perteneciente al linaje de Idiáquez, resultó incendiada en la Segunda Guerra Carlista, y posteriormente, para igualar la fachada, fue pintada enteramente de negro. Resaltan las ventanas y balcones y el escudo de mármol.

Casco histórico

Su núcleo se encuentra junto al río, la plaza del Ayuntamiento y la Kale Nagusía. Destacan en él la casa de Idiaquez; la casa-torre de Balda, de los siglos XII-XIII;

la torre Zubieta, el palacio gótico de Isásagay la casa Floreaga, reconstruida en ladrillo en el XV tras demoler la primitiva de piedra.

INFORMACIÓN
Oficina de Turismo de Azpeitia
Tel. 943 85 08 43
www.urolaerdia.net
www.gipuzkoaturismo.net

Real Sociedad Bascongada de Amigos del País

En 1764 un grupo de ilustrados guipuzcoanos a cuya cabeza se encontraba Javier María de Munibe e Idiáquez, conde de Peñaflorida, crearon en Azkoitia esta institución. Sus fines eran introducir una serie de reformas para la mejora de la economía y el fomento de la cultura, la instrucción popular y la investigación. Los Caballeritos de Azkoitia, como fueron llamados, fundaron un centro de estudios superiores en Bergara y escuelas menores en Loiola, Gasteiz, Bilbo y Donosti, pero sus planes reformistas en lo económico no llegaron a fructificar.

Bergara

ESTA HISTÓRICA VILLA GUIPUZCOANA RECIBIÓ el fuero otorgado por Alfonso X el Sabio en 1268. En esa época se inicia el trazado del casco, que tiene su origen en la calles Goenkalea, Artekalea y Barrenkalea. Algunos barrios hoy unidos a la población, como Oxirondo y Zubieta, son contemporáneos a la fundación de la villa. Pese a las numerosas transformaciones y derribos, el centro antiguo conserva muy bien su patrimonio arquitectónico civil y religioso.

Parroquias de San Pedro y Santa Marina

La primera, en el centro de la localidad, es un magnífico templo gótico del siglo XVI; el retablo plateresco de Juan de Anda y el Cristo de Juan de Mesa son algunas de las joyas de su interior. La de Santa Marina, en el barrio de Oxinondo, encierra un espléndido retablo barroco y un lienzo del flamenco Van Dyck.

Real Seminario de Nobles

Este palacio barroco del siglo XVII fue a partir de 1776 la sede del primer centro de enseñanza superior e investigación creado por la Real Sociedad Bascongada de Amigos del País. Destacan las arcadas de la planta baja y el gran balcón de forja.

Arquitectura civil

La mayoría de las casas nobles y palacios corresponden a los siglos XVII y XVIII. De los muchos que hay cabe citar en la plaza de San Martín el del Ayuntamiento y los de Jaúregui, Ondartza y Cizaguirre. En distintos sectores de la población pueden verse los de Irízar y Unzueta entre otros.

El abrazo de Bergara

La I Guerra Carlista, desatada a la muerte de Fernando VII entre los absolutistas partidarios de don Carlos y los liberales que defendían a Isabel II, concluyó con el Convenio de Bergara entre los generales Espartero y Maroto, que tomó el mando carlista a la muerte de Zumalacárregui. En el acto, que tuvo lugar en el palacio de Irízar el 31 de agosto de 1839, se abrazaron los dos jefes. En el convenio, Espartero se comprometía a recomendar al gobierno central la concesión o modificación de los fueros, uno de los temas centrales del conflicto.

INFORMACIÓN
Oficina de Turismo
Tel. 943 77 91 62
Ayuntamiento
Tel. 943 77 91 00
www.bergara.es

Santa María la Antigua

RECOSTADA SOBRE LA LADERA EN UN PRIVILEGIADO emplazamiento a dos kilómetros de la población de Zumarraga, Nuestra Señora la Antigua es un extraordinario ejemplar de la arquitectura popular del siglo XIV. La belleza de su interior le ha valido el título de Monumento Histórico-Artístico. Se cree que en el lugar hubo desde muy antiguo un centro de culto precristiano. Siguiendo la tradición, cada 2 de julio se baila la Espatadantza en el interior del templo.

Artesonado interior

La revelación de este templo se encuentra en el interior. El artesonado de madera de roble y las balconadas son una obra maestra. Todo el entramado –techumbre, vigas, tirantes, juntas...– está construido sin utilizar un solo clavo. Los elementos de madera llevan figuras y tallas.

Un ejemplar de arquitectura popular

El templo de la Antigua es conocido como la "catedral de las ermitas". De hecho, se inscribe en la arquitectura popular medieval anónima. Su exterior es de una sencillez conmovedora, de muros lisos y casi ciegos; como único ornamento posee una sencilla portada románica y un calvario en la cabecera.

Mirador sobre el Aizkorri

La pequeña explanada que precede a la ermita ofrece unos panoramas impresionantes. Abajo, el conjunto industrial de Zumarraga contrasta con el verde de las montañas. Al fondo, tras una sucesión de sierras se levanta majestuoso el macizo de Aizkorri y su cumbre de 1.548 metros de altitud.

INFORMACIÓN

Oficina de Turismo del Alto Urola
Tel. 943 73 04 28
Información Turística de Urretxu
Tel. 943 72 61 46

ALREDEDORES

Zumarraga y Urretxu

Zumarraga, en el llano, tiene lugares de interés como la iglesia de la Asunción, declarada Monumento Histórico-Artístico, y la casa natal de Legazpi, navegante y conquistador de Filipinas nacido en 1504. La vecina localidad de Urretxu está dominada por el monte Irimo. Su casco histórico se configuró en el siglo XIV, al que pertenece la iglesia de San Martín de Tours, con una hermosa bóveda de madera realizada según las técnicas de la construcción naval. El Ayuntamiento, la casa Aizpuru y las casas de la calle Iparraguirre son hermosos ejemplos de arquitectura civil.

Ruta Obrera de Legazpi

LEGAZPI, POBLACIÓN DEL VALLE DEL UROLA, CONOCIÓ desde los albores de la Edad Media la transformación del hierro, primero en las ferrerías movidas por el viento y más tarde aprovechando la energía de las aguas del río. En la segunda mitad del XIX surgieron otras industrias dedicadas a la producción de cemento o de papel. En los años treinta del siglo XX se inició una fuerte transformación del medio que pasó de fundamentalmente rural a plenamente industrial.

Ferrería de Mirandaola

En las afueras de Legazpi se ha restaurado una fundición que estuvo en activo desde el siglo XV hasta el XIX. Los visitantes de Mirandaola pueden asistir al espectáculo del funcionamiento de la ancestral maquinaria —yunque, martinete, poleas, ruedas, fuelle, etcétera— y la transformación del hierro.

Casco urbano de Legazpi

El Ayuntamiento y la iglesia de la Asunción forman un buen conjunto barroco en torno a la plaza. La iglesia conserva sus bóvedas ojivales.
No lejos se encuentra el palacio Bikuña, un edificio de piedra con grandes balconadas de madera, actual sede de una fundación que recupera la memoria industrial.

Ruta Obrera

Numerosas instalaciones surgieron en torno a la empresa Patricio Echevarría, que llegó a tener más de 4.000 trabajadores. La Ruta Obrera permite visitar, entre otros edificios,

una vivienda obrera, el economato, la escuela, el dispensario y la iglesia, tal como eran de los años cincuenta a setenta del siglo XX.

Paradigma de la Gipuzkoa industrial

El desarrollo industrial de la provincia no surgió de un día para otro. Los emprendedores de finales del siglo XIX enlazaban con una tradición minera y fabril. Sin embargo, hasta bien entrado el XX, las localidades guipuzcoanas del interior mantuvieron su carácter profundamente rural. A partir de la Segunda Guerra Mundial la industrialización experimentó un gran impulso que transformó radicalmente las formas

de trabajo y la vida de sus habitantes. La visita a la Ruta Obrera de Legazpi proporciona la ocasión de conocer esta evolución.

INFORMACIÓN
www.lenbur.com

Oñati esencial

Universidad de Sancti Spiritus

Es uno de los mejores edificios renacentistas del País Vasco. La esculpida fachada principal plateresca, el elegante claustro con su doble galería de arcadas, los artesonados mudéjares y la capilla son sus elementos más destacables.

Bidaurreta

Fundada por Juan López de Lazarraga y su mujer a principios del XVI, incorpora elementos del gótico, el renacimiento y el mudéjar, este último reflejado en el claustro y el artesanado del refectorio. El retablo plateresco de la iglesia es una joya en su género.

Ermitas

En el entorno de Oñati aparecen algunas ermitas de notable interés: San Martín, en la cabecera del valle del Ubao, con un retablo plateresco y armadura de madera; o la de San Juan, del siglo XVI, reformada en el XIX, y el vecino humilladero del Ángel de la Guarda.

Kalezahar

La "calle vieja" fue camino Real a su paso por Oñati y por esta razón muestra una notable concentración de casas-palacio, como la casa Askoritza, del siglo XVI, o la de los Bergantzo, con puerta apuntada del XV y escudo que muestra un águila atacando a un ciervo.

Oñati es ciudad de primer orden. Recorrer sus calles y plazas es una apretada lección de historia y arquitectura. Apenas entra el viajero se topa con el formidable ejercicio renacentista de la Universidad de Sancti Spiritus. Justo al lado, la iglesia parroquial de San Miguel, con su sorprendente claustro y sus mausoleos. La hermosa plaza de los Fueros fue iniciada cuando la villa reafirmó el poder civil frente a los Guevara, señores del lugar.

Plaza de los Fueros

Construida en el siglo XIX, amplia, con soportales en tres de sus lados y frontón, permite homogeneizar el conjunto monumental de la ciudad. Brilla con luz propia el edificio del Ayuntamiento en un vistoso estilo barroco-rococó y la torre-palacio de Lazarraga.

Plaza de Santa Marina

Notable conjunto urbano con edificios singulares como los palacios barrocos de Antia y Madinabeitia, o el palacio de Barekua, de transición al neoclásico, que perteneció al barón de Areizaga, suegro del conde de Peñaflorida. La casa Moyua es ya una construcción decimonónica.

Torre de Lazarraga

Junto al Ayuntamiento y al inicio de la calle Zumalakarregi se encuentra la torre-palacio de Lazarraga, inicialmente gótica, reformada y ampliada la parte palaciega en los siglos XV-XVI. De gran sabor medieval, cuenta con unos esgrafiados muy castellanos y una puerta defensiva.

Torre de Zumeltzegi

Casa-torre solar del linaje de los Guevara, señores de Oñati. Construida a finales del siglo XIII, tuvo un activo papel en las guerras banderizas, a pesar de lo cual no fue desmochada. Convertida en caserío desde el siglo XIX, conserva su estructura original.

San Miguel

Frente a la universidad se encuentra esta iglesia gótica iniciada en el siglo XIII y finalizada en el XVI, de torre neoclásica, portada barroca e interior gótico. Es muy singular su pequeño claustro flamígero sobre las aguas del Arantzazu, que lo cruza por debajo de los arcos.

Universidad de Oñati

Rodrigo Mercado de Zuazola, obispo, humanista y amigo personal del cardenal Cisneros, dispuso que en 1540 se iniciara la construcción de la Universidad de Sancti Spiritus en su Oñati natal. Domingo de Carrera, cantero, Pierre Picart, escultor, y Gilago, autor de los artesonados, fueron los responsables principales de este extraordinario edificio en el mejor estilo renacentista. La universidad funcionó como tal hasta el siglo XIX.

Escalera y retablo

Dentro de la capilla destaca el retablo plateresco, tallado por Pierre Picart y dedicado a la Asunción y a los patronos de la universidad y de Oñati: el Espíritu Santo y san Miguel. La escalera que comunica el claustro bajo con el alto se cubre mediante un rico artesonado mudéjar.

MONASTERIO DE SAN LORENZO
Arantzazu, 18.
Tel. 943 78 05 11
Monasterio moderno. Salir a pasear por el monte está permitido y recomendado, siempre y cuando el motivo sea de índole religiosa y el silencio forme parte del equipaje. Todos los oficios son en euskera.
(Ver pág. 138-139).

Claustro

Sobrio y distribuido en dos plantas, con arquerías de medio punto y cubierto por artesonados mudéjares. En las enjutas aparecen 32 tondos ilustrados por parejas de cabezas históricas y mitológicas: Carlos I e Isabel de Portugal; Felipe II y María de Portugal, Ulises y Penélope...

INFORMACIÓN
Oficina de Turismo
Tel. 943 78 34 53
www.oinati.org

Fachada esculpida

Se halla dispuesta en tres cuerpos, con la portada principal en el central y sendas torres en los extremos. Se decora a base de bajorrelieves tanto en la portada como en los ángulos del edificio. Son extraordinarias las tallas dedicadas a los trabajos de Hércules y al fundador, en actitud orante.

CASA DE EJERCICIOS DEL SANTUARIO DE ARANTZAZU
Tel. 943 78 13 15
Cuarenta años llevan las franciscanas haciendo de esta casa un lugar de encuentro para aquellas personas que desean pasar unos días junto a ellas preguntándose sobre el sentido de su vida espiritual y otros matices.
(Ver pág 138).

San Miguel

SAN MIGUEL, LA IGLESIA PARROQUIAL DE OÑATI, es templo complejo que abarca un compendio de estilos bien marcados. En su origen fue iglesia gótica de una sola nave, que con el paso del tiempo terminaron siendo tres, más otra cuarta que comunica con el extraordinario claustro flamígero soportado en puentes bajo los que discurren las aguas del río. Completan este cuadro de estilos la portada barroca y la torre neoclásica.

Sepulcros y mausoleos

Destaca el programa funerario de la iglesia, como es el caso de la tumba de los condes de Oñati, en la cripta, realizada en el siglo XIV. Por su parte, el mausoleo del obispo Zuazola, atribuido a Diego de Siloé, parece tallado como un retablo. Sencillo sepulcro de Rodrigo Mercado de Zualoa, obra de Picart.

Iglesia

La nave del Rosario, del siglo XIII, fue el primer núcleo de la iglesia. A mediados del XV se levantaron las otras dos, la central apoyada en arbotantes al exterior. Después se erigió una cuarta, en el antiguo cobertizo de San Sebastián. Es muy interesante el claustro, sobre el río, con ventanales gótico flamígeros.

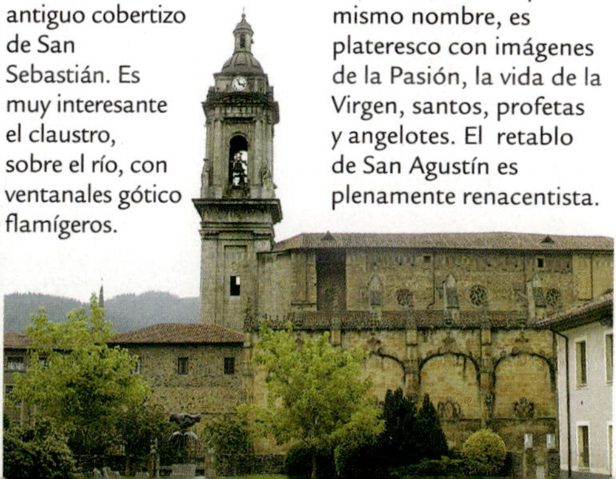

Retablos

El retablo mayor, tallado por Juan Bautista de Suso, muestra toda la exuberancia barroca. El de

la Piedad, en la capilla del mismo nombre, es plateresco con imágenes de la Pasión, la vida de la Virgen, santos, profetas y angelotes. El retablo de San Agustín es plenamente renacentista.

Monasterio de Bidaurreta

Fue fundado por Juan López de Lazarraga y su mujer a principios del siglo XVI para convertirse en panteón funerario de la familia. Además de las dependencias para las monjas, cuenta con una bonita iglesia de planta de cruz latina y cubierta con una bóveda estrellada. En las claves se hallan los escudos de la familia del fundador. Los motivos más repetidos en la decoración son los heráldicos, respondiendo a las características del estilo Reyes Católicos. En el interior se conserva un retablo plateresco considerado una joya en su género.

Leintz Gatzaga

UN ENTORNO MONTAÑOSO ENMARCA ESTE PEQUEÑO pueblo en el límite entre Gipuzkoa y Araba. La población nació en el siglo XIV en torno a la explotación de sus salinas. Apartado hoy de las rutas más conocidas, en su día pasaba por aquí el camino Real que enlazaba Madrid y la costa. A ello debe su rico patrimonio arquitectónico, ya que por él transitaban expediciones reales y caravanas comerciales. En su término nace el río Deba, que recorre Gipuzkoa de sur a norte.

Casco antiguo
Conserva su estructura medieval de tres calles paralelas y una transversal. En el centro se puede ver una hermosa fuente barroca que se conoce, por su forma, como el "As de copas". Varias casas blasonadas –los palacios de Garro, Soran y Elexalde– se alternan con buenos ejemplares de arquitectura popular.

Salinas
Durante siglos, el comercio de la sal, producto estratégico para la conservación de los alimentos, fue un gran negocio en manos hasta 1494 del conde de Oñate. La sal se obtenía de la evaporación de las aguas de un manantial en las afueras de la población. Actualmente improductivas, se pueden visitar.

Muralla y puertas
El recinto amurallado empezó a construirse a mediados del siglo XIV. De las siete puertas que tuvo, se mantienen tres, la más interesante, la del oeste, coronada por el escudo de Castilla. Fueron los Reyes Católicos quienes declararon a Salinas Villa Real, independizándola del señorío del conde de Oñate.

Santuario de Santa María de Dorleta
Es el templo más antiguo del municipio, situado en un alto frente a la población. En el lugar estratégico que ocupa se levantaba

antes un castillo que protegía el núcleo urbano y las codiciadas salinas. Se trata de un bonito templo de piedra, con portada barroca, espadaña y tejado a dos aguas. La Virgen de Dorleta, una hermosa talla gótica, es la patrona de los ciclistas; resulta curioso ver en el interior de la iglesia un museo con maillots y trofeos de los más famosos.

INFORMACIÓN
Ecomuseo de la Sal
Tel. 943 71 47 92

Arantzazu

La basílica de Arantzazu es una muestra extraordinaria de cómo el lenguaje contemporáneo de vanguardia puede estar a la altura del reto de poner en pie una basílica cuando a la voluntad de los frailes se une el talento artístico de un grupo excepcional: Saez de Oiza y Laorga en la iglesia; Jorge de Oteiza con su apostolado; Eduardo Chillida labrando las puertas de metal; Lucio Muñoz y su gigantesco retablo de madera, y Nestor Basterretxea decorando la cripta.

Iglesia

Construida entre 1950 y 1955 por Francisco Javier Saez de Oiza y Luis Laorga, es templo de planta de cruz latina. El estilizado campanario exento, las dos torres cuadradas y la fachada con bloques de piedra labrados en punta de diamante singularizan la iglesia. Excepcionales puertas de Eduardo Chillida.

Apostolado de Oteiza

Recorriendo la portada, este apostolado esculpido en piedra por Jorge Oteiza es la obra más célebre del santuario de Arantzazu. En torno a la Piedad aparecen los 14 apóstoles, el único en el mundo que incluye a Judas y Matías, lo que motivó la paralización de su montaje durante muchos años.

Retablo

El interior de la basílica se decora de forma excepcional. Impresiona el retablo de 600 m² obra de Lucio Muñoz con la colaboración de Julio López y Joaquín Ramo, que enmarca la pequeña talla gótica de la Virgen de Arantzazu. La cripta se viste con pinturas de Nestor Barrenetxea.

Historia

Desde que allá por el siglo XV un pastor descubriera sobre un espino la imagen de la Virgen de Arantzazu, el lugar es centro de peregrinación multitudinaria. Sin embargo el santuario pasó por numerosas vicisitudes; el último y definitivo incendio, durante la guerra carlista, fue obra de los liberales. Por esta razón, el conjunto que forman la basílica, la casa de oración, las hospederías, etcétera, es obra vanguardista de los años cincuenta del pasado siglo. Su construcción no estuvo exenta de polémica, llegando a paralizarse las obras.

INFORMACIÓN
Tel 943 78 09 51
www.arantzazu.org

Aitzgorri

EN LA SIERRA DE AITZGORRI, EL MAYOR accidente natural del País Vasco, frontera entre las tierras altas de Gipuzkoa y la Llanada Alavesa. Peregrinos a Santiago de Compostela, comerciantes, nobles y plebeyos inclinaban la cabeza al pasar por el túnel y oraban en la pequeña ermita alojada en la cueva de San Adrián. En la actualidad, en Aitzgorri es posible asomarse a las campas de Urbia, donde pasta la oveja lacha, de cuya leche sale el queso Idiazabal.

Cueva de San Adrián

En un circo rocoso a 1.000 metros de altura se encuentra el túnel de San Adrián y su pequeña ermita. Por este lugar cruza la calzada que hasta el siglo XVIII era el único camino entre la frontera y la meseta. Se llega por pista desde Otzaurte. Pasado el túnel se contemplan magníficas vistas sobre la Llanada Alavesa.

Campas de Urbia

A la sombra del Aitzgorri, las cabañas de los pastores, los dólmenes de Pagobakoitza y Gorostiagan y la pequeña ermita forman parte natural del paisaje de las campas de Urbia. En verano la oveja lacha pasta por estos prados contorneados de bosque y montaña a 1.130 metros de altitud.

Macizo

Las sierras de Aitzgorri, Elgea, Urkilla y los montes de Altzaina forman el macizo más elevado del País Vasco, barrera natural con cotas superiores a los 1.000 metros de altitud. El Aitzgorri, con sus 1.524 metros, es el pico más alto. La vegetación y una especial geología dan lugar a muy variados paisajes.

INFORMACIÓN

Oficina de turismo de Zegama
Tel 943 80 21 87
www.goierri.org
www.zegama.net

ALREDEDORES

Zegama

Aquí vino a morir Tomás de Zumalacárregui, el caudillo carlista herido en el sitio de Bilbo, quien acudió para ponerse en manos de un curandero de Zerain. Sus cenizas reposan en un mausoleo de la iglesia de San Martín, notable templo que, entre otros objetos de culto, guarda la cruz de Aiztgorri, hermosa muestra de orfebrería religiosa protogótica, y la imagen románica de la Virgen de las Nieves. De Zegama era Juan Tellería, músico notable que compuso *Amanecer en Zegama*, la música del *Cara al sol* falangista.

Zerain

ONETSIKO DODAZ
Neure Bijotz-irudija agirijan
imiñi ta gurtuko daben etxiak
eztodaz iñoz atzinduko

ALEJADA DE LAS GRANDES VÍAS DE COMUNICACIÓN y de la industria moderna, esta pequeña población mantiene una estampa totalmente rural. En ella se combinan los vestigios de un pasado histórico de cierta relevancia económica, proporcionada por las minas de hierro y cobre, con un presente casi bucólico. Zerain se sitúa en una ladera, a 338 metros de altitud, con el macizo de Aitzgorri como telón de fondo y rodeada de prados donde pastan los corderos.

Caseríos

La torreta de la bella iglesia de la Asunción despunta del conjunto espléndidamente conservado. En torno a la plaza se agrupan caseríos de los siglos XVI y XVII y casas-torre, como la de Jaúregui, de sillería, ladrillo y entramado de madera. Unos ancestrales signos aparecen grabados a los lados de la portada.

MONASTERIO CISTERCIENSE DE SANTA ANA
Elósegui, 44 (Lazkao).
Tel. 943 88 05 52
La hospedería, una casona de más de cien años, anexa pero

independiente, está abierta tanto a grupos como a personas solas cuyo fin sea el de la oración y la búsqueda de sí mismos. *(Ver pág 138).*

Museo Etnográfico

Una muestra de útiles de trabajo, objetos domésticos e imágenes religiosas reunidos por los habitantes del entorno da noticia de la historia del pueblo. En la casa que lo alberga, antigua cárcel, puede verse el cubículo donde pasaban la noche los presos que cumplían condena trabajando en las minas de Zerain.

ALREDEDORES

Mutiloa, entre montes

Un pequeño valle aloja el núcleo de este municipio cuyos habitantes se desperdigan también por los caseríos situados en las laderas de los montes cercanos. El centro de Mutiloa está dominado por la iglesia renacentista de San Miguel, abierta a la misma plaza donde se levantan la casa parroquial y las casas Etxe Zuri e Izuztegui. En el templo conviene detenerse en la bóveda de crucería y el retablo atribuido a Felipe de Azurmendi. Es célebre la ermita de Andra Mari de Lierni.

INFORMACIÓN
Información Turística
Tel. 943 80 15 01
www.zerain.com

Segura medieval

SEGURA FUE UNA VILLA IMPORTANTE CUANDO EL CAMINO de San Adrián era la principal vía de comunicación entre Castilla y la frontera con Francia. Ciudad fortificada, dan testimonio de ello las puertas que se mantienen en pie. El alargado casco histórico, declarado Conjunto Histórico-Artístico, es una sorpresa constante, con casas góticas, palacios notables y la iglesia de Nuestra Señora de la Asunción.

Puertas de la muralla

La muralla tuvo cinco puertas defendidas por torreones, foso y puentes levadizos. De las que quedan en pie, la llamada de Zerain, de finales del XVII, es la mejor conservada. Con arcos de medio punto tanto a la entrada como a la salida, se aloja en un cubo levemente avanzado situado entre dos casas.

Arquitectura civil

El palacio Guevara, gótico del siglo XV, es un magnífico ejemplo de palacio urbano tardomedieval. La casa Ardizaharra, también gótica, es una de las más antiguas del País Vasco, con entramado de madera. Palacios renacentistas son los de Jáuregui y Arrue; barrocos los de Lardizábal, Txakarra y Balanzegi.

La Asunción

Iglesia del siglo XVI con planta de salón y bóvedas de crucería apoyadas en seis poderosas columnas. La alta torre domina el entorno. Destaca además un retablo churrigueresco con esculturas de Luis

Salvador Carmona. La lámpara central, de cristal de Bohemia, iba para la catedral de Sevilla pero se quedó aquí.

ALREDEDORES

Idiazabal

Este pueblo, de bonita iglesia y palacios de indianos, encabeza la denominación de origen para el queso artesano extraído de la leche de las ovejas lachas o carranzanas, razas autóctonas del País Vasco. Muestran características comunes: cilíndricos, altura entre 8 y 12 centímetros, diámetro de 10 a 30 y peso que oscila entre 1 y 3 kg. La corteza es dura y lisa, de color amarillo pálido si no es ahumado, pardo oscuro en caso de serlo. Olor penetrante y sabor a leche de oveja madurada, un poco picante, algo salada.

INFORMACIÓN

Oficina de Turismo
Tel. 943 80 16 64
www.seguragoierri.net

Parque Natural de Aralar

La mayor parte de este espacio de 10.956 hectáreas que se adentra en Navarra está a una altitud media por encima de los 800 metros, y sus principales cumbres –Irumugarrieta, Gambo y Txindoki– rondan los 1.400. Destacan en este espacio las grises crestas calizas que en su vertiente noroeste se presentan como un farallón rocoso continuado con caída vertical. Pastos y bosques, algunos de gran valor por su masa arbórea, ocupan las zonas medias de la sierra.

Embalse de Lareo

Numerosos cursos de agua, ríos y torrentes recorren el parque de Aralar. En la zona suroriental de Gipuzkoa, casi en el límite con Navarra, se encuentran

la presa y embalse de Lareo, integrados en el paisaje como un lago natural. Bordeando el embalse se encuentra el magnífico hayedo de Akaitz-Sastarri.

Monumentos megalíticos

Hay en el territorio de Aralar gran número de monumentos megalíticos: 30 dólmenes, 15 túmulos, 7 monolitos, 2 *cromlechs* y 13 cuevas. Muchos se encuentran en el entorno de Ataun y fueron investigados por el historiador y etnólogo local José Miguel Barandiarán, quien recopiló también numerosos mitos y leyendas.

Txindoki

Aunque no es el monte más alto de Aralar, sí es su cumbre más mítica. Su forma picuda y color gris revelan el origen calizo del terreno.

El acceso más usual a la cima parte de la ermita de Larraitz, en la cara norte. También en esta vertiente se pueden ver importantes masas de robledales y bosques mixtos.

INFORMACIÓN

Oficina de Turismo
Tel. 943 16 18 23
Casa natal de José Miguel de Barandiarán
Tel. 945 14 30 66
Centro de Interpretación
Tel. 943 58 20 69
www.nekanet.net/naturaleza

Ataun

Es el municipio más habitado de los seis que hay en el territorio de Aralar. Cuenta con monumentos

interesantes, como la iglesia de San Martín de Tours, el hospital de Santiago y numerosas casas del siglo XVII. Situado al oeste del parque natural, pasa por ser uno de los pueblos más largos de Europa: una de sus calles se estira a lo largo de 10 kilómetros paralela al cauce del río Agarruza. Ataun es el punto de partida de numerosos senderos que recorren el parque.

Tolosa

A ORILLAS DEL RÍO ORIA, TOLOSA ES CIUDAD de importancia desde los inicios del siglo XIII, cuando obtuvo un fuero propio. A partir del XV se convirtió en activo centro comercial: una orden real de Juan II de Castilla obligaba a hacer pasar por la villa, con el consiguiente pago de tributos, todo el comercio entre Nafarroa y los puertos de Gipuzkoa. El notable casco antiguo se ve hoy cercado por nuevas barriadas e instalaciones industriales. Más allá se levanta un círculo montañoso.

Casco antiguo

Placitas y calles estrechas definen el núcleo medieval junto al río. En ellas se pueden ver interesantes muestras de escultura contemporánea. La iglesia de Santa María, el convento de Santa Clara y numerosos palacios como los de Idiakez, Iturriza, Aranburu y Atodo, entre otros, conforman el casco monumental.

Plaza de Euskal Herria

Actual centro urbano, es un espacio porticado de armónicas proporciones. Su forma es cuadrada y las casas que lo rodean tienen dos alturas. De este conjunto de estilo neoclásico destaca en uno de sus lados el palacio de Justicia, un edificio de piedra del siglo XIX que albergaba la antigua cárcel.

CONVENTO DE SANTA CLARA

Santa Clara, 2 A.
Tel. 943 67 15 60
La casa de oración es la continuación de los históricos muros de un convento que se construyó el año

de 1666. El huésped se sentirá como en su casa, pero las estancias en el convento deben ser por causas religiosas. *(Ver pág. 139).*

INFORMACIÓN

Oficina de Turismo
Tel. 943 65 05 70
Visita al Museo de la Confitería
Tel. 943 67 07 27
www.tolosaldea.net

ALREDEDORES

Errezil, Bidania y Aldaba

Merece la pena subir al alto de Aldaba para disfrutar desde aquí de la magnífica vista con el macizo del Ernio al fondo y abajo el valle de Errezil. Una iglesia moderna acristalada se levanta en la cima. La bajada entre bosques hacia Bidania, un pequeño núcleo en el que destacan la iglesia y el palacio de Iriarte, muestra también espléndidos panoramas. Errezil (Regil) es la capital del valle de su nombre, un conjunto armónico —iglesia, caseríos, frontón plaza y Ayuntamiento— que se recorta sobre las laderas verdes donde pastan los rebaños.

Valle del Leitzaran

AL OESTE DE TOLOSA SE ABRE ESTE ESPECTACULAR VALLE flanqueado por altas montañas y magníficos bosques. El río Leitzaran, que nace en Leitza, Nafarroa, y va a desembocar en el Oria junto a la población guipuzcoana de Andoain, serpentea sinuoso de sureste a noroeste por el fondo del valle. Las poblaciones, pequeñas y dispersas, ofrecen rincones encantadores. Desde la autovía A-15, que divide en dos el valle, se pueden contemplar impresionantes vistas.

Lizartza

A orillas del río Araxes, en la Edad Media se acogió a la protección de Tolosa. Su casco de forma alargada, compuesto por cinco calles y una plaza, se extiende al fondo del valle. Las calles Nagusia y Gurutz Bidea reúnen hermosos ejemplares de caseríos levantados, como su gran iglesia, en el siglo XVI.

Gaztelu

Muy bien conservado debido a su aislamiento, en el núcleo urbano se levantan la iglesia de la Asunción, con pórtico de arcos y alta torre, la Casa Consistorial y varios caseríos de interés con portadas y ventanas de dinteles en piedra. Tiene un bonito cementerio con un enterramiento de la Edad del Bronce.

Berastegi

El centro se agrupa en torno a la iglesia de San Martín, el Ayuntamiento y la casa-torre de Berastegi. Aquí y en el barrio de Eldua se reparten los menos de 1.000 habitantes de la localidad. Está situada en una explanada verde rodeada de montañas y cuenta con el área recreativa de Urto.

INFORMACIÓN

Ayuntamiento de Berastegi
Tel. 943 68 30 00
Ayuntamiento de Gaztelu
Tel. 943 67 58 97
Ayuntamiento de Lizartza
Tel. 943 67 07 00

Las antiguas industrias del valle

En las orillas del río Leitzaran se desarrolló desde finales del siglo XIV una floreciente industria relacionada con las

minas de hierro de Platzaola. Los fuelles y martillos de las ferrerías del valle eran movidos por el agua del río, y los hornos, encendidos con carbón vegetal de las sierras. En los siglos XV y XVI funcionaron 13 ferrerías dedicadas a la obtención de hierro. Tras el cierre a finales del XIX de estas industrias poco agresivas con el paisaje del entorno, el valle de Leitzaran recobró la imagen plenamente rural que se contempla en la actualidad.

Nuestra Señora de la Encina

A 400 metros de Artziniega en dirección a Balmaseda se encuentra el santuario de Nuestra Señora de la Encina, en un bonito paisaje arbolado acondicionado con mesas y bancos. Se halla además junto a una soberbia encina centenaria, y bajo una techumbre de pizarra se protege un templo del gótico tardío del siglo XVI, con bóvedas pintadas y un impresionante retablo del mejor flamenco que apunta ya hacia el estilo renacentista.

Santuario

Bajo el pórtico, una portada con sencillas arquivoltas da acceso al templo, obra de finales del siglo XV y principios del XVI. Las bóvedas de las naves también están bellamente decoradas con pinturas. Sobre la puerta de Santa Ana hay una magnífica representación del Juicio Final en la tradición de El Bosco.

Museo Etnográfico

El museo ofrece un amplio espacio expositivo con 17 salas que informan sobre los modos de vida rural y urbano de antaño. En sus dos plantas se puede recorrer una vieja aula de principios del siglo XX, la botica con su rebotica, la cocina del caserío, el establo y el ejercicio de viejos oficios.

IBAIZAR
Ibaizar Baserria, 4
(Sojo-Zollo).
Tel. 945 39 66 86
Caserío vasco de 1650. Lo dueños cultivan una huerta ecológica y comparten con sus clientes una vivienda de colores básicos bien molturados con la piedra y la madera. *(Ver pág. 135).*

INFORMACIÓN
Tel. 945 39 62 10
Amigos de la Encina
Tel. 945 39 60 66
www.artziniega.org

Artziniega

Artziniega es villa medieval, y esto es sencillo de saborear paseando por la Goiko Plaza y sus tres calles, la de Arriba, la de Enmedio y la de Abajo. Tan medieval que el primer domingo de septiembre se celebra un mercado que evoca aquellos tiempos. Además de la iglesia parroquial, en Artziniega abundan las casas-torre —hay no menos de 47 escudos en las fachadas de la villa— como la de Bengoa, o la de los Ortiz Molinillo de Velasco, que actualmente acoge un hotel.

Aiara esencial

Murga
La pista que sale por la izquierda en el indicador del barrio del Palacio lleva hasta la torre de los Murga, junto al río Izoria, magnífico ejemplar de torre medieval del siglo XIII construida en piedra y ladrillo y completada más tarde con un palacio del XVI.

Nuestra Señora del Yermo
A cinco kilómetros de Llodio se encuentra este santuario gótico con naves separadas por hermosos arcos. Los muros muestran vidrieras y el retablo del altar mayor es plateresco. La imagen de Santa María del Yermo es una Andra Mari gótica del siglo XIV.

Kexaa
El conjunto de Quejana se compone del antiguo palacio levantado en el XIV por Fernando de Ayala, padre del canciller y en el que se encuentra instalado el museo, la iglesia de San Juan y el torreón que aloja la célebre capilla de la Virgen del Cabello.

Añes
El desvío hacia Retes de Llanteno permite iniciar una excursión en coche por las fragosidades de la sierra Salvada y subir hasta el pequeño valle de Angulo, en la provincia de Burgos. En la también pequeña iglesia de Añes se guarda un valioso tímpano románico.

Frontera entre Burgos y Araba, a los pies de la sierra Salvada, impresionante escalón calcáreo que marca la divisoria de aguas entre el Cantábrico y el Mediterráneo, se extienden los valles de Ayala; tierra que fue durante mucho tiempo un Estado propio sujeto al dominio que los Ayala ejercían desde el palacio, convento y castillo de Quejana. Ahora la Cuadrilla de Ayala es un amplio territorio que acoge poblaciones y conjuntos artísticos llenos de interés.

Luiaondo

Sobre el antiguo camino Real que unía la meseta con Bilbo, cuenta con un buen muestrario de ejemplares de caserío vasco, el palacio de los Arana-Andraca y un airoso puente medieval. Una cruz de piedra recuerda el árbol Malato, donde los vizcaínos "abandonaban el arma".

Respalditza

Es la "capital" del valle de Ayala y es curioso ver el conjunto formado por la iglesia y el Ayuntamiento, que se integran en una sola construcción. Dice la tradición que en la capilla mayor reposan los restos de don Vela, fundador legendario del linaje de los Ayala.

Anuntzibai

Sobre el río Altube, muy cerca de la autopista que une Bilbo con la meseta se encuentra este complejo de puente y palacio. Ambos son ejemplares renacentistas del siglo XVI. El palacio acoge un frecuentado restaurante.

Sierra Salvada

Extraordinario farallón calizo que se extiende desde el nacimiento del Nervión hasta las angosturas del valle de Mena. Asoman picos como el del Fraile, en Tertanga, o el del Ahorcado, ya en Mena; las cimas del Txarlazo, Tologorri o Ungido, y hayedos como el Monte de Santiago.

Amurrio

La tercera población de Araba mantiene en pie edificios como la iglesia de Santa María, con portada románica del templo primitivo; el palacio renacentista de Urrutia; la casa-torre de Ugarte; numerosas villas de principios del XX y la torre de Mariaca, ya en las afueras.

Kexaa, solar de los Ayala

QUEJANA, KEXAA, ES LA CASA SOLAR DE LOS AYALA, cuyo más brillante exponente fue Pedro López de Ayala, canciller, guerrero y escritor cuyos restos reposan en la capilla del Cabello junto a los de su esposa Leonor de Guzmán. El extraordinario conjunto, uno de los mejores del País Vasco, se compone del antiguo palacio, en el que se encuentra instalado el museo, el torreón, con la capilla y la sala superior, la iglesia de San Juan y el convento de clausura.

Castillo-convento

Es soberbio el poderoso torreón, con el patio, la capilla de la Virgen del Cabello y la sala superior, hoy cubierta. Al lado se encuentra la iglesia de San Juan Bautista, iniciada a finales del siglo XV, con bóveda de terceletes y estatuas funerarias. El convento sigue funcionando como clausura.

Museo

Recrea la importancia del conjunto monumental con maquetas sobre la estructura originaria y paneles que relatan su historia. La pieza más celebrada es el relicario de la Virgen del Cabello, políptico de cuatro puertas joya de la orfebrería religiosa. Según la tradición, guarda un cabello de la Virgen.

Capilla de la Virgen del Cabello

Verdadero despliegue de escultura funeraria gótica, custodia los restos de tres generaciones de Ayalas. Destacan los sepulcros de don Pedro y su mujer, en alabastro. Cuenta con una buena copia del desaparecido retablo y del frontal gótico del altar (actualmente en el Instituto de Arte de Chicago).

INFORMACIÓN
Tel. 945 39 92 64
www.aiarakokuadrilla.com

El linaje del canciller

El fundador habría sido don Vela, hijo de Ramiro, primer rey de Aragón. Fue en los siglos XIV y XV cuando aparecen los grandes personajes del linaje: Fernán Pérez de Ayala y sobre todo su hijo, Pedro López de Ayala. Autor del *Rimado de Palacio,* diplomático y canciller de Castilla, fue personaje destacado en la corte de Enrique III al sumar los señoríos de Artziniega y Salvatierra. Un siglo después cambiaría la suerte por ponerse el conde de Salvatierra del lado de los comuneros frente a Carlos V: la torre fue desmochada y el escudo hecho pedazos.

Cañón de Delika

VERTIGINOSAS PAREDES, CASI VERTICALES EN SUS MÁS de 300 metros de altura, protegen el curso de un incipiente Nervión, una vez el río se ha despeñado desde las alturas de la sierra Salvada. Por lo alto vigilan atentos los buitres. Es el cañón de Delika, un fondo de saco natural sin posible escapatoria; salvo que se le contemple desde arriba, contorneando el abismo entre Unza y el extraordinario hayedo del Monte de Santiago.

Monte de Santiago

Cerrado bosque de hayas que llega hasta el mismo borde de la sierra Salvada, es hábitat privilegiado en el que sobrevive el buitre leonado, el búho real, el halcón abejero y endemismos ibéricos como el tritón alpino. Además, es un verdadero paraíso para los saeteros.

Miradores

El mirador Esquina Rubén permite contemplar el valle de Arrastaria, la "sarten" de Orduña, con el Gorbeia al fondo. Desde el mirador Cañón del Nervión, a 300 metros de suelo firme, se aprecia el cañón de Delika y, en primavera, cómo el agua se deshace literalmente a medida que se precipita al vacío.

Sierra Salvada

Desde el nacimiento del Nervión en Delika hasta las angosturas del valle de Mena se extiende la sierra Salvada. El corte abrupto de las tierras burgalesas de Losa constituye un interminable farallón calizo que compone la imagen dominante de

la sierra: picos como el del Fraile, en Tertanga, o el del Ahorcado, ya en Mena; cimas como el Txarlazo, Tologorri o Ungido; espacios naturales como el Monte de Santiago. Además, un monumento característico son los 25 metros de hormigón armado de la imagen de la Virgen de la Antigua, en el borde mismo de la peña.

IRUARITZ BASERRIA
San Prudencio, 29 (Lezama).
Tel. 945 89 26 76
Más que una casa de campo podría hablarse de un palacete de cinco estrellas levantado sobre los restos de un caserío del

siglo XV, con todo el mimo y la delicadeza de quien sabe que el gusto está en los detalles. *(Ver pág. 134).*

Desfiladero del Purón

Las espectaculares crestas calizas de la sierra de Arcena, enérgico relieve montañoso a caballo entre las provincias de Araba y Burgos, protegen el recóndito valle de Valderejo. De entre las muchas opciones que se abren a los amantes del senderismo, la estrecha garganta que se asoma al río Purón en la roca caliza es la más llamativa y completa. No debe excluirse la visita a Lalastra, trepar a lo alto o pasear por las formaciones boscosas del parque.

Parque Natural de Valderejo

Ocupa 3.946 hectáreas en una amplia depresión rodeada por escarpes rocosos. Bosques de pino, haya y encina conviven con el cereal. A lo largo de sus 15 kilómetros de recorrido, el río Purón salta en cascadas y pozas. Existe una red señalizada de 9 sendas con longitudes entre los 3,5 y los 12 kilómetros.

Desfiladero del Purón

Entre Ribera y Herrán se encuentra el espectacular barranco de Ribera. En esta estrecha garganta el río Purón forma remansos y espectaculares cascadas. Un microclima favorece un variado bosque con tilos, avellanos, sauces, acebos, hayas, tejos, quejigos, carrascas, enebros y sabinas negras.

TORRE ROBREDO
Real, 5
(Castillo-Sopeña).
Tel. 945 36 28 18 / 629 41 22 77
Viejo y hermoso caserío alavés en un pueblecito recóndito y lleno de silencio. Amplitud de espacios, un espíritu de caserío vasco que aún bulle por las estancias y mucho terreno.
(Ver pág. 132).

INFORMACIÓN
Casa del Parque de Valderejo
Tel. 947 35 31 46
www.nekanet.net

Los habitantes del parque

En las paredes rocosas del valle se asienta la mayor población de buitres del País Vasco. En ese mismo hábitat viven también el alimoche, el águila

real, el cuervo y el halcón peregrino. Reptiles como la víbora áspid o la lagartija roquera son también animales característicos. En los pinares, hayedos y encinares aparecen anfibios, aves –azor, halcón abejero, ratonero común, cárabo, reyezuelo sencillo, piquituerto– y mamíferos –corzo, jabalí, gato montés, garduña–. En el río Purón destaca la densidad que alcanza el mirlo acuático.

Torre-museo de Villanañe

La torre-palacio de los Varona, en Villanañe, es un ejemplo de casa fuerte del siglo XIV. Su origen se apoya en la leyenda de María Pérez, partidaria de Urraca de Castilla, y en su enfrentamiento con el aragonés Alfonso el Batallador, al que venció y quien admirado le concedió el apellido de Varona para ella y todos sus descendientes. La torre de Varona, muy bien restaurada, funciona ahora como museo que cuenta ésta y otras historias.

Torre

Rodeada de muralla y foso, la torre es una construcción de mampostería con sillares en sus ángulos, matacanes y escasos huecos. Rematada por almenas y cubierta de teja a cuatro aguas, forma un cuadrado de aproximadamente 10 metros de lado y está compuesta de planta baja y tres pisos.

Palacio

Abraza la torre por dos de sus lados. El patio central cuenta con columnas de piedra de notable talla. Muy interesante es la zona principal de la vivienda de los Varona. La sala del Quijote tiene el suelo revestido de cerámica de Talavera del siglo XVII. Otras salas son los dormitorios, con mobiliario de gran interés.

ALREDEDORES

Valpuesta

En el año 804 el obispo Juan encuentra en Valpuesta una pequeña iglesia abandonada donde establece su sede episcopal. A poco se convirtió en importante centro religioso y repoblador, y sus cartularios incluyen anotaciones en lengua castellana que al parecer son anteriores a las Glosas Emilianenses de San Millán de la Cogolla. Con el tiempo construyeron la espectacular colegiata gótica que hoy puede verse, con una nave, claustro, retablo renacentista y toda una importante serie de sepulcros. La colegiata, visitable, se encuentra en proceso de restauración.

CASA DE ESPIRITUALIDAD ANGOSTO
Tel. 945 35 30 21
Edificio nuevo con capacidad suficiente para recibir a grupos de reflexión, de yoga y de cualquier otra disciplina mística. Las personas que no vayan en grupo tienen que consultarlo previamente. *(Ver pág 135)*.

INFORMACIÓN
Oficina de Turismo de Valdegovía
Tel. 945 35 30 40
Valpuesta
Tel. 658 74 27 30
www.valdegovia.com

Gesaltza

Blanco deslumbrante entre el verde valle Salado, las eras de la sal, con sus superpuestas terrazas infinitas apoyadas en pies derechos de madera, componen un paisaje singular que proporciona a Salinas de Añana (Gesaltza) una personalidad irrepetible. Desde el siglo IX hay referencia escrita, cuando la sal era equivalente de oro blanco. Es muy probable que se explotara desde mucho antes con métodos aún vigentes.

Valle Salado

Explotadas desde antes, fue Alfonso VII quien estableció en 1137 las bases legales de las salinas. El comercio de la sal, que llegaba hasta Portugal, tuvo aquí gran importancia hasta mediados del siglo XIX. A partir de los años sesenta del pasado siglo fueron abandonándose paulatinamente.

Gesaltza

El irregular caserío de calles con casas blasonadas y monumental rollo dan a la localidad un peculiar encanto. En la zona baja se levanta Santa María de Villacones, templo de gran tamaño con torre coronada por chapitel. Cuenta con un retablo mayor renacentista cuya hornacina acoge una Andra Mari del XIV.

ALREDEDORES

Nuestra Señora de la Asunción, en Tuesta

Monumento histórico desde 1962, la excepcional portada románica de la iglesia de Tuesta merece una detenida visita. Sobre columnas coronadas por capiteles muy bien trabajados, sus siete arquivoltas ofrecen un extraordinario programa iconográfico: ángeles músicos, pastores tocando, alimañas, decoraciones geométricas... Y sobre esta portada, un magnífico friso con escenas como la Encarnación del Señor o la Adoración de los Magos. Dentro de la iglesia se halla un retablo plateresco, la pila bautismal románica y una talla de la Virgen Blanca.

Las eras de la sal

Se sigue usando el mismo sistema desde época romana: el agua es conducida mediante canalizaciones de madera y remansada en las eras, donde se evapora y deja su rastro de sal. Son centenares de pequeñas parcelas planas, construidas mediante pies verticales de madera y muretes de piedra.

Torre de Mendoza

Mendoza, a 12 kilómetros de Gastiz, fue la sede de uno de los linajes más poderosos de Araba. Los primeros indicios de la torre datan de principios del siglo XIII y fue mandada construir por uno de los miembros de la familia, Íñigo López de Mendoza, antecesor del marqués de Santillana. En la época sirvió como vivienda a la vez que como bastión de defensa. En 1963 fue restaurada por la Diputación de Araba para instalar en ella el Museo de Heráldica.

Torre

A orillas de río Laña se levanta este edificio de planta rectangular rodeado por un recinto amurallado que rematan cuatro torreones cilíndricos en sus ángulos. Los muros de sillarejo son casi totalmente cerrados, como corresponde a su función defensiva, con sólo algunas ventanas y saeteras al exterior.

Museo de Heráldica

En la planta baja de la torre y en el patio interior del recinto se exponen, adosados a los muros, 40 escudos pertenecientes a linajes alaveses. Muchos de ellos fueron rescatados de casas nobles en ruina. En los pisos superiores se sigue la historia de la heráldica y de las torres alavesas.

CASA MARIBEL

(Aprikano-Valle de Kuartango).
Tel. 945 36 28 18 / 629 41 22 77
Antigua casa de postas del siglo XV, con un jardín de 2.000 metros cuadrados lleno de flores y árboles.
Un sinfín de detalles convierte esta estancia rural alavesa en una de las más personales. *(Ver pág. 132)*.

INFORMACIÓN

Torre de los Mendoza
Tel. 945 18 16 17
Museo de Heráldica/ *oppidum* de Iruña
Tel. 945 18 19 18
www.alava.net

ALREDEDORES

Trespuentes y el *oppidum* de Iruña-Veleia

A pesar de su nombre sólo existe en la localidad un largo y hermoso puente sobre el río Zadorra. Aunque se considera romano, es una construcción del siglo XVI y fue ampliado en el siguiente. Entre Trespuentes y Víllodas se localiza el yacimiento de Iruña-Veleia. Puede visitarse el *oppidum* romano habitado entre los siglos I y IV de nuestra era. Se conserva parte del recinto amurallado, el trazado de las calles y los pavimentos de mosaico de dos *domus*. Completa la visita un pequeño edificio-museo con historia sobre la ciudad y la romanización de la zona.

Gasteiz esencial

La almendra gótica

Este núcleo tiene su origen en 1181, cuando Sancho VI de Nafarroa dio a la aldea de Gasteiz el fuero de Población. Las estrechas calles medievales, atravesadas por cantones, rodean la colina del Campillo siguiendo las curvas de nivel. Iglesias, conventos, palacios y casas de alforja se levantan en ellas.

Plaza de la Virgen Blanca

Este hermoso espacio triangular es el centro vital de la capital y el ámbito de transición entre la ciudad medieval y el Ensanche romántico. En la plaza se celebran los principales acontecimientos ciudadanos, como la bajada del Celedón, que marca en agosto el inicio de las Fiestas de la Virgen Blanca.

La ciudad de fines del siglo XX

El crecimiento demográfico en el último tercio del siglo XX ha propiciado la extensión de la ciudad. La avenida de Gasteiz es el eje de este ensanche contemporáneo, zona residencial bien diseñada, con edificios de interés y modernos equipamientos sociales y culturales.

Museos

A la media docena de museos de primera fila, se ha sumado en los últimos tiempos el Centro de Arte Contemporáneo Artium. Entre los primeros destacan el de Bellas Artes, el de Arqueología, el de Arte Sacro y, por su originalidad y entronque con la historia de la ciudad, el Museo Fournier de Naipes.

La capital de Araba es una ciudad pujante y agradable, con un magnífico trazado urbano que tiene continuidad desde la Edad Media a nuestros días. A través de esta trama se puede seguir la historia de la población. Capital política de la Comunidad Autónoma Vasca, cuenta con interesantes monumentos y museos, hermosos parques y una importante dotación de centros culturales. Su oferta gastronómica y comercial es otro aliciente más de la ciudad.

Ensanche romántico

La construcción de la plaza Nueva y de los Arquillos a finales del XVIII daba el primer impulso a la expansión de la ciudad. A partir de entonces y tras el derribo de las murallas, fue urbanizándose la zona llana al sur, este y oeste del núcleo medieval. Sus calles y casas son un modelo de trazado.

Catedral Nueva

Su construcción comenzó en 1907 en un terreno próximo al parque de La Florida. Los jardines que la rodean son hoy como una prolongación del parque. Se planeó en estilo neogótico, según los gustos vigentes en la época, pero se paralizó la obra en 1914, retomándose en 1946, y no se terminó hasta 1973.

Parques

El gran número de zonas verdes con que cuenta la ciudad es uno de los factores de su proverbial calidad de vida. El parque de La Florida es un espléndido y céntrico espacio arbolado. Entre otros más se cuentan los de El Prado, San Juan de Arriaga, Molinuevo, San Martín y Aranbizkarra.

Basílica de Armentia

A dos kilómetros de la ciudad pero unido a ella por un hermoso paseo arbolado se halla este templo, uno de los principales hitos del Camino de Santiago en el País Vasco. Se levantó en el siglo XII en una encrucijada de dos caminos, el llamado romano y el camino Real.

Catedral Vieja de Santa María

Se levanta en un extremo del primer recinto medieval. Este templo gótico, con cuatro portadas labradas y torre renacentista y barroca, se construyó en los siglos XIII y XIV. Tiene tres naves, crucero y girola, y sobre la nave central se abre una galería o triforio.

Catedral Vieja de Santa María

RECIENTES EXCAVACIONES HAN REVELADO QUE EL TEMPLO gótico actual se construyó sobre los cimientos de otro anterior, proyectado en el siglo XI como iglesia y fortaleza para la defensa por el norte del núcleo inicial de la villa. Aunque tiene una unidad básica en torno al gótico, hay en el edificio algunos elementos posteriores. El actual proceso de restauración de la catedral está permitiendo rescatar valiosos datos sobre la historia de la ciudad.

Edificio gótico

La planta semeja un avión por la anchura de la nave de crucero y la gran girola de la cabecera. A los pies se levanta la torre iniciada en estilo renacentista y rematada en barroco. Destaca el pórtico, junto a la torre, bajo el que se cobijan tres portadas con interesante decoración escultórica.

PARADOR DE ARGÓMANIZ

Ctra. N-I, km 363 (Burgelu).
Tel. 945 29 32 00
Palacio renacentista en el que todos los espacios comunes se encuentran en el cuerpo original del edificio. Las habitaciones, en cambio, quedan relegadas a un anexo contemporáneo. *(Ver pág. 132).*

Portada de Santa Ana

La portada sur, dedicada a santa Ana, gótica de principios del siglo XIV, es la más antigua de la catedral. Fue descubierta al realizar unas obras en 1962. En el tímpano figuran escenas de santos. Bajo el pórtico hay otras tres portadas, la central con una bella escultura gótica de la Virgen bajo el tímpano.

INFORMACIÓN

Oficina Municipal de Turismo
Tel. 945 16 15 98
Fundación Catedral de Santa María
Tel. 945 12 21 60
Visitas guiadas a las obras de restauración
Tel. 945 25 51 35
www.catedralvitoria.com
www.vitoria-gasteiz.org/turismo/

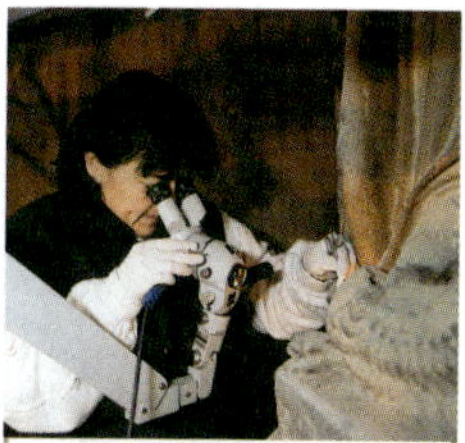

Una restauración muy premiada

En 1994 la catedral tuvo que ser cerrada al público por amenaza de ruina. Los males que la aquejaban venían de lejos: la sustitución de las bóvedas de madera por otras de piedra en el siglo XV rompieron el equilibrio de su estructura. Tras un completo estudio de la situación se inició la restauración en el año 2000. La investigación realizada, el proyecto de recuperación y la conducción de las obras en curso han merecido el Premio Especial Europa Nostra 2002, el máximo galardón que concede la Unión Europea a la rehabilitación del patrimonio.

Casco histórico

A PARTIR DEL SIGLO XII SE FUE CREANDO LA CIUDAD en el punto más alto de la colina del Campillo. Primero fueron tres calles, las actuales de Santa María, Las Escuelas y Fray Zacarías. Más tarde se construyeron otras en anillos concéntricos; algunas llevan los nombres de los gremios medievales. Este núcleo en forma de almendra estaba amurallado, y en su interior se levantaron iglesias, casas-torre y conventos. Aquí vivían también los artesanos y comerciantes.

Calles y cantones

Los nombres de las calles reflejan la historia. Unas —Cuchillería, Pintorería, Zapatería, etcétera— se refieren a los oficios medievales; otras, como Nueva Dentro y Nueva Fuera, dan idea de las etapas de su creación. Todas están atravesadas por estrechos cantones que unen la base y la cima de la colina.

HOSPEDERÍA EXTERNA DEL MONASTERIO DE ESTIBALIZ

(Estibaliz).
Tel. 945 29 30 88
Los alojados dentro del edificio han de regirse por las normas de los monjes y respetar horarios de comidas, así como de apertura y cierre de las puertas. Por lo demás, el huésped tiene plena libertad. *(Ver pág 132).*

Parroquias de San Pedro y San Vicente

Los dos templos son góticos. El primero se comenzó hacia el siglo XIV y en torno a él se agruparon los nobles rurales enfrentados a los artesanos burgueses. La capilla de los Reyes guarda un magnífico retablo renacentista, y en la de San Vicente destacan los pilares y bóvedas de su hermoso espacio interior.

SANTUARIO DE SANTA MARÍA DE ESTIBALIZ

(Estibaliz).
Tel. 945 29 30 88
El templo actual es del XII. Silencio y aislamiento que los huéspedes disfrutan —sólo hombres—. Ruegan los religiosos que se respeten los horarios, se coma con ellos y se evite molestar a los demás. *(Ver pág 132).*

Palacios y casas señoriales

Próximos a la catedral se encuentran la torre de los Anda y la casa de los Gobeo-Landazuri, actual Museo de Arqueología. También en la zona, la casa El Portalón es un buen ejemplar medieval. La torre de Doña Ochanda, la casa del Cordón y la de los Gobeo-Caicedo son otros hermosos edificios del casco.

INFORMACIÓN

Visitas guiadas por el casco antiguo
Tel. 945 16 15 98
www.alavaturismo.com
www.eskadi.net/turismo

Casa del Cordón

EN LA CALLE CUCHILLERÍA DEL CASCO HISTÓRICO de la Gasteiz se encuentra la casa del Cordón. Es un edificio singular en extremo, mandado construir en el siglo XV por el médico converso y rico comerciante Juan Sánchez de Bilbao. Fue el edificio más importante de la Gasteiz del siglo XV y engloba un torreón anterior, la torre Gauna y un salón gótico con bóveda estrellada. Propiedad de la Caja Vital, acoge una interesante sala de exposiciones.

Salón abovedado

La bella bóveda estrellada del salón principal constituye uno de los escasos ejemplos de cubrición gótica de carácter civil que se conservan en el País Vasco. El escudo de los Reyes Católicos preside la clave de la bóveda, cuyos nervios se apoyan en ménsulas con imágenes de animales.

Fachada

Cuatro puertas se abren en la compleja fachada de la casa del Cordón: de grandes ojivas las dos centrales, en arco rebajado las laterales. Un escudo aparece entre las dos portadas góticas, de las que destaca especialmente la que muestra un cordón franciscano labrado en piedra que da nombre al edificio.

Sala expositiva

La casa del Cordón pertenece a la Caja Vital de Gasteiz, entidad que ha procedido a su restauración. Funciona como sala de exposiciones con una programación de carácter marcadamente didáctico: exposiciones sobre el mundo de la cultura autóctona, la naturaleza, la artesanía y el folclore. Además está la casa del Cordón, un objeto de visita en sí mismo que permite contemplar un ejemplo de vivienda de la baja Edad Media a través de diversas estancias.

SAGASTI ZAHAR
Sagasti Zahar, 10 (Maturana).
Tel. 945 31 71 58 / 610 03 36 78
Magnífico ejemplo de caserío vasco con un magnífico espacio ajardinado que lo rodea, piedras y maderas cargadas de historia familiar y una agradable chimenea de piedra que preside el salón. *(Ver pág. 134).*

INFORMACIÓN
Tel. 945 25 96 73
www.cajavital.es

Plaza de la Virgen Blanca

En el siglo XIX se remodeló esta plaza donde antiguamente se celebraba el mercado. Está presidida por la imagen gótica de la Virgen Blanca, en el pórtico de la iglesia de san Miguel; hacia ella convergen las líneas de fuga visuales. Al fondo despuntan las torres de San Miguel y San Vicente. El centro de la plaza ajardinada lo ocupa el monumento a la batalla de Gasteiz y sus laterales están cerrados por hermosas casas con miradores blancos.

Iglesia de San Miguel

La portada principal corresponde a los últimos años del siglo XIV en que empezó a construirse el templo. Conserva un tímpano esculpido en tres bandas con escenas de la vida del santo. En su interior, son elementos destacados las bóvedas estrelladas y el retablo mayor, excelente obra de Gregorio Fernández.

Monumento a la batalla de Gasteiz

Un monolito adornado por grupos esculturales en piedra y bronce y coronado por una victoria aliada conmemora el triunfo sobre las tropas de Napoleón el 21 de junio de 1813 en la guerra de Independencia. La obra, de estética modernista, fue realizada por el escultor Gabriel Borrás e inaugurada en 1917.

Los Arquillos

Se construyeron entre 1787 y 1802 y aportaron una inteligente solución para salvar el desnivel entre la ciudad medieval

y los terrenos del futuro Ensanche. Están situados al noreste de la plaza de la Virgen Blanca.

Plaza de España

Este espacio cerrado, rodeado de soportales y de traza uniforme en sus cuatro lados, fue construido entre 1782 y 1794. De líneas clasicistas, fue la primera obra del Ensanche que, a partir de aquí, se prolongaría hacia el llano. Se trataba de dotar a la ciudad de un espacio representativo para la realización de actos festivos. Fue edificada por Justo Antonio de Olaguibel bajo la supervisión de su maestro Ventura Rodríguez. En el frente norte, rematado por un frontón triangular con el escudo de la ciudad en lo alto, se halla el Ayuntamiento.

Ensanche romántico

DESDE MEDIADOS DEL SIGLO XIX SE FUE EXTENDIENDO la ciudad por el sur, el este y el oeste del casco gótico. Donde había huertas y campas se trazaron calles rectas y amplias, se construyeron edificios públicos y viviendas de calidad para la burguesía. El Ensanche del XIX tiene una gran armonía, con construcciones de piedra, balcones y miradores. En sus plantas bajas se abren comercios y bares. El parque de La Florida se convirtió en el pulmón de esta nueva ciudad.

Balcones y miradores

Una imagen característica de esta zona de la ciudad es la de sus miradores blancos, adaptados al clima lluvioso y adecuados para acumular el calor solar. Los miradores se alternan en las fachadas con balcones de buenos trabajos de forja, un oficio en el que los alaveses tienen una gran tradición.

Calle Dato

Es el eje principal del Ensanche romántico. Su trazado va de la plaza de España a la estación de ferrocarril, cuya llegada en 1862 supuso una revolución para la ciudad. Esta calle peatonal y arbolada es lugar de paseo y compras. Las fachadas, de gran unidad, son representativas de la ciudad burguesa.

Plaza de los Fueros

Esta plaza se construyó en 1979 como homenaje a los fueros. El arquitecto Luis Peña Ganchegui y el escultor Eduardo Chillida crearon un espacio pensado para exhibiciones de deportes vascos. Sobre el pavimento se levanta un muro laberíntico de piedra cuyas formas son características de la obra de Chillida.

Parque de La Florida

Es el espacio verde más conocido de la ciudad. Pese a sus dimensiones reducidas, su trazado, sus caminos y su variado y magnífico arbolado dan

sensación de amplitud. Se abren en él varios estanques ornamentales. En el centro del parque se levanta un airoso quiosco de música donde toca la banda municipal. Varias estatuas flanquean los senderos, entre ellas las de los cuatro reyes godos que se hicieron para adornar la cornisa del palacio Real de Madrid. Pueden verse también sendos monumentos al político Eduardo Dato y el explorador Manuel Iradier.

Museo de Bellas Artes

LOS FONDOS DE ESTE MUSEO REÚNEN EL MEJOR repertorio artístico del territorio alavés. Se ha ido engrosando con colecciones provenientes de diferentes instituciones, donaciones privadas y adquisiciones de obras. Su fuerte es la pintura y escultura española de los siglos XVIII y XIX y el arte vasco entre 1850 y 1950. Está ubicado en un palacete neorrenacentista situado en el paseo de la Senda, a continuación del parque de La Florida.

Pintura romántica y realista

Estas dos corrientes, que abarcan una buena parte de la pintura del siglo XIX, están representadas en el museo por artistas de reconocido prestigio como los autores de retratos Vicente López y los hermanos Madrazo, el gran paisajista y artista de la luz Joaquín Sorolla o el muralista y autor de composiciones corales Jose María Sert.

Arte costumbrista vasco

Una de las tendencias mejor representadas en el museo es el denominado costumbrismo vasco. Se agrupan en ella pintores que tratan escenas de la vida rural y urbana. Destaca la obra del vitoriano Fernando de Amárica, cuyos cuadros son un interesante documento sobre la ciudad de principios del siglo XX.

Edificio

Los pináculos de la cornisa, los frontones y balaustradas de piedra de los balcones y los adornos de bolas responden a la moda del *revival* del estilo

renacentista de principios del siglo XX. Este palacete ajardinado fue construido para la familia Augusti en 1912 por Julián Apraiz y Javier Luque.

Paseo de la Senda

En un extremo del parque de La Florida arranca este camino arbolado por grandes plátanos de sombra cuyas copas se enlazan formando una bóveda vegetal. Es el eje de una zona residencial con casas ajardinadas y palacetes levantados para la alta burguesía vitoriana a principios del siglo XX. La mayoría están hoy ocupados por instituciones, entre ellas la sede del Gobierno vasco, situada en el palacio de Ajuria Enea.

INFORMACIÓN

Museo de Bellas Artes
Tel. 945 18 19 18 / 945 15 52 26
Visitas guiadas
Tel. 945 18 19 19
Museo de la Armería
Tel. 945 18 19 25

Museo Fournier de Naipes

La existencia de este interesante museo se debe a la instalación en Gasteiz desde 1868 de la empresa Fournier de fabricación de naipes. La familia propietaria, a lo largo de varias generaciones, fue coleccionando barajas de todas las épocas, variantes y latitudes, con los más curiosos motivos. En 1986 la Diputación Foral de Araba adquirió la colección y decidió dedicarle un museo. Junto a las cartas se expone maquinaria empleada en su fabricación.

Colección

Más de 15.000 naipes reúne actualmente la colección del Museo Fournier de Naipes, que abarca desde el más antiguo fabricado en Italia en el siglo XIV hasta nuestros días. Hay barajas de tarot, ilustradas con temas turísticos o de guerra, fabricadas en seda o en pergamino, naipes orientales y una inmensa variedad de modelos.

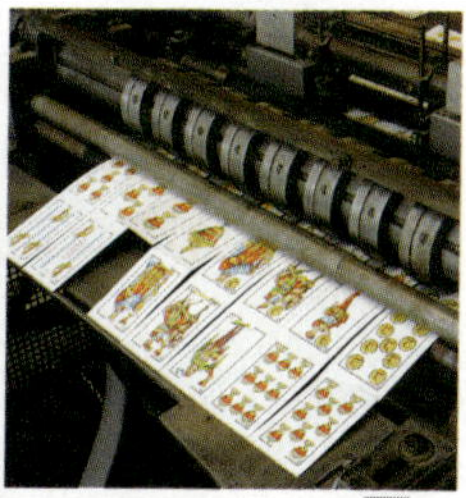

Fabricación de naipes

En el museo se puede conocer el proceso que se ha seguido históricamente para la realización de los naipes. Los primeros se hacían a mano hasta que, a partir del siglo XV, se introducen nuevas formas de trabajo industrial. Pueden verse los distintos procedimientos de ilustración, estampación y reproducción, y la evolución técnica.

Edificio

El palacio de Bendaña, edificio noble de 1525, se encuentra en el casco antiguo. Participa de la doble condición defensiva y residencial. Un torreón

cilíndrico remata uno de sus ángulos, tiene elementos decorativos renacentistas y en el interior se abre un magnífico patio con arcos sobre columnas.

Historia de un juego de salón

Parece que en origen los naipes fueron empleados para adivinar el futuro. Según algunos expertos, eran conocidos en China en el siglo X, pero probablemente ya en la Antigüedad egipcia existía algún tipo de juego de cartas. La llegada a Europa se produce en el XIV y se localiza en las cortes italianas, donde se utilizaba una baraja de 78 cartas llamada Tarocci. Los juegos de naipes fueron prohibidos en ocasiones y, en muchos países, gravados con tasas especiales el juego y la fabricación de cartas.

INFORMACIÓN

Museo Fournier de Naipes
Tel. 945 18 19 20
Visitas guiadas
Tel. 945 18 19 18

Artium

DESDE 2002 GASTEIZ CUENTA CON UN CENTRO dedicado al arte contemporáneo. En el límite del casco gótico se ha rehabilitado una gran plaza y levantado un edificio integrado en el entorno. La colección de Artium abarca desde las vanguardias históricas del siglo XX a las últimas creaciones del XXI. El centro dedica gran interés a manifestaciones como el cine, el vídeo y la fotografía, y realiza numerosas actividades relacionadas con el arte actual.

Edificio

Varios volúmenes de líneas rectas forman el complejo museístico cuyo elemento más peculiar es un cuerpo central con un sobresaliente alero.
Una de las características del edificio es que la mayor parte del espacio dedicado a exposición se encuentra en salas situadas por debajo del nivel del suelo.

Un centro dinámico

Una de las particularidades de Artium es su gran dinamismo. Así, se realizan numerosas exposiciones temporales que ponen en relación los fondos del museo con propuestas externas en colaboración con otros museos. Artium se ocupa también de dar a conocer nuevos valores que surgen en el panorama artístico.

Colección

Artium abarca un amplio espectro artístico. En las vanguardias históricas están representados Miró y Picasso, entre otros. Hay también una amplia visión de la pintura española de la posguerra con artistas como Tapiès, Lucio Muñoz o Genovés, del arte vasco y del arte contemporáneo internacional.

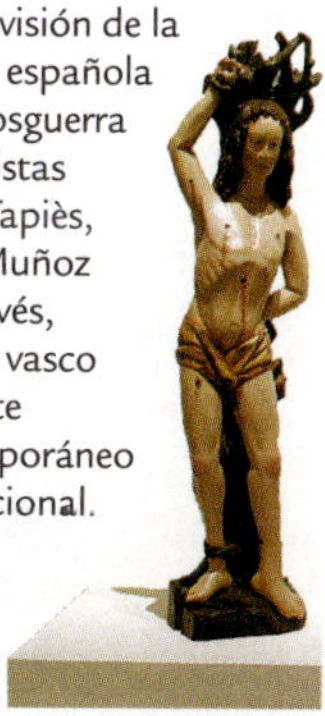

Gasteiz y el arte contemporáneo

En las últimas décadas, Gasteiz ha ido integrando el arte contemporáneo en su trama urbana. Un recorrido por calles

y plazas permite descubrir esculturas de Oteiza, Chillida, Néstor Basterrechea, Agustín Ibarrola, Cristina Solano y otros muchos artistas. Lugares como la calle Dato, la plaza del General Loma, la de los Fueros o la de la Provincia cuentan con muestras de arte de nuestros tiempos.

INFORMACIÓN
Artium
Tel. 945 20 90 20/
945 20 90 00
Visitas guiadas
Tel. 945 20 90 10
www.artium.org
www.culturalalava.com

Basílica de San Prudencio

Armentia cuenta con esta iglesia del siglo xii, una joya románica situada en un prado. Se trata de uno de los mejores ejemplares de arquitectura medieval religiosa del País Vasco y se encuentra en el Camino de Santiago que proveniente de Europa entraba por Irun y, pasando por Gasteiz y la Llanada Alavesa, enlazaba en Burgos con otras rutas del interior. El templo sufrió en 1776 modificaciones que alteraron su imagen original.

Templo románico

El ábside circular que resalta en el exterior la cabecera de la iglesia es

uno de los elementos más hermosos de la basílica. Sus ventanas presentan finas columnas y capiteles labrados. El edificio, de piedra de sillería, es de una nave con crucero y cabecera y presenta en el lateral una torre cuadrada.

Interior

La nave es de gran sencillez y pureza de líneas. Las obras de recuperación de la basílica que se llevan a cabo permiten a los visitantes conocer los muros originales, ocultos por las reformas del siglo xviii, y acceder por las escaleras de la torre a la parte superior de las bóvedas.

Atrio y tímpanos

Tras el pórtico con arcadas añadido en el siglo xviii se guardan varios relieves y dos bellos tímpanos. En uno de ellos figuran Cristo y los apóstoles, acompañados de los profetas Enoch y Elía y dos ángeles. En el otro la imagen central representa al Cordero y le flanquean san Juan Bautista e Isaías.

Fiestas de San Prudencio

En torno al 28 de abril se celebran las fiestas del patrón de Araba en Armentia y Gasteiz. El día 27, desde el Ayuntamiento de la capital los trompeteros de la Diputación Foral interpretan una retreta; esa noche una tamborrada recorre las calles. En Armentia, el 28, se baila tras la misa un *aurresku* en honor del santo y hay danzas, corte de troncos y verbena. Actuaciones de teatro, concursos de gastronomía y conciertos completan el programa festivo.

INFORMACIÓN
Visitas guiadas
Tel. 945 13 96 51
www.cajavital.es.

Vivir Gasteiz

Bajada del Celedón

Los vitorianos y los muchos foráneos que visitan la ciudad en la primera semana de agosto viven con entusiasmo las Fiestas de la Blanca. Uno de los actos más concurridos es la bajada del Celedón, en la que un muñeco vestido de casero se desliza por un cable desde la torre de San Miguel a la plaza de la Virgen Blanca.

Dulces y bombones

La confitería vitoriana tiene una gran tradición. Ningún visitante debería dejar de acercarse a dos establecimientos de solera. Goya, en la calle Dato, tiene como especialidad unos bombones llamados *vasquitos y neskitas.* En Hueto, en la plaza de la Virgen Blanca, hay que pedir turrones y frutas confitadas.

Visita a las obras de la catedral Vieja

Desde que se puso en marcha el programa *Abierto por Obras* miles de personas han podido conocer de cerca los entresijos históricos y arquitectónicos de este magnífico edificio. Entre otros, han pasado por la catedral vitoriana con el casco en la cabeza Mario Vargas Llosa, Ken Follet y José Saramago.

En bicicleta por la ciudad

A excepción del casco gótico, Gasteiz es una ciudad llana ideal para recorrerla en bicicleta. Un *bidegorri* (camino rojo) para ciclistas, en el que éstos tienen preferencia, enlaza toda la población, que también cuenta con numerosos aparcamientos especiales para dejar los velocípedos.

El mejor jazz

Desde hace 29 años tiene lugar en la tercera semana de julio el Festival de Jazz de Vitoria-Gasteizko Jazzaldia. Por el polideportivo Mendizorrotza pasan los mejores intérpretes y bandas mundiales de la especialidad. La víspera del inicio se celebra un concierto especial dedicado a los niños.

Una playa de interior

El embalse de Garaio, a diez kilómetros de la ciudad, se llena de bañistas en los meses de verano. En sus orillas hay buenas playas artificiales, y en sus aguas, además del chapuzón correspondiente, se puede practicar el remo. Barcas y piraguas surcan esta superficie tranquila rodeada de espléndidos paseos.

Comer caracoles en Armentia

Las de San Prudencio, a finales de abril, son unas de las fiestas más populares de la capital alavesa. Una de las tradiciones que los vitorianos procuran no perderse es la caracolada que se prepara en la gran comida campestre que tiene lugar el día 28 en las campas que rodean la basílica de Armentia.

De pinchos por el Ensanche

Es fácil empezar pero difícil dejarlo. El recorrido de pinchos por Gasteiz tiene algunas estaciones inexcusables como el bar Sagartoki, en la calle del Prado, el Toloño, en la cuesta de San Francisco, el Usokari, en la calle Dato, o el Salburua, en la calle Fueros. En abril se celebra la Semana del Pintxo.

Senda para mantenerse en forma

Cada mañana y al atardecer decenas de esforzados vitorianos hacen *footing* por el arbolado paseo de la Senda. Desde el parque de La Florida hasta Armentia, el camino, que va cambiando de nombres, pasa por la zona de museos, el campus universitario y sale al campo abierto antes de llegar a la basílica.

Observatorio de aves

Se pueden ver en directo o a través de los telescopios colocados a tal efecto. En el parque ornitológico de Mendixur, en una cola del embalse de Ullíbarri-Gamboa, anidan numerosas aves acuáticas: garzas, ánades reales o avefrías, entre otras especies. Las sendas del parque permiten estupendas caminatas.

Caracoles

Revuelto de perretxicos

Santuario de Nuestra Señora de Estibaliz

En la ruta del Camino de Santiago, a siete kilómetros al este de Gasteiz, entre las localidades de Askarza y Argandoña, Estibaliz es un centro de devoción mariana para los católicos alaveses. Situado en un paraje solitario y arbolado, en su interior alberga la imagen románica de la patrona de Araba. El monasterio fue fundado en el siglo XI, abandonado en el XVI y dedicado después a parroquia. Desde 1923 aloja una comunidad de benedictinos.

Conjunto románico

La iglesia actual data del siglo XIII. De aspecto rígido, en el exterior destacan el cuerpo central, de piedra de sillería terminado en un campanario en forma de espadaña, y los ábsides. La puerta más hermosa es la que da al sur, con arcos apuntados que descansan sobre columnas con capiteles labrados.

Imagen de la patrona de Araba

Esta virgen románica del siglo XII presidía tradicionalmente las reuniones de las Juntas Generales de Araba. La talla que representa frontalmente a la Virgen con Jesús fue remodelada en 1897 por el escultor Fernández de Viana y de nuevo restaurada en 1984, pudiéndose apreciar algo de su policromía original.

Interior

Los relieves de los capiteles del crucero son quizás lo más valioso de esta iglesia de tres naves. En dos de ellos puede verse una magistral representación de la escena del pecado original con Adán y Eva como protagonistas, así como la reprobación y la expulsión del Paraíso. Son obra del siglo XII.

ALREDEDORES

Torre de los Guevara

A unos 20 kilómetros al este de Gasteiz y junto al pueblo de Guevara se levanta este edificio medieval de líneas rectas y planta rectangular. En su día formó parte del castillo-palacio de la poderosa familia Guevara, uno de los clanes medievales que dominaban en Araba. En 1839, al término de la Primera Guerra Carlista, todo el conjunto fue mandado destruir por el general Zurbano. A partir de 1964, la Diputación de Araba inició la reconstrucción del torreón y algunos fragmentos de la muralla. Fue declarada Monumento Histórico-Artístico.

INFORMACIÓN

Oficina de Turismo de Gasteiz
Tel. 945 16 15 98
www.vitoria-gasteiz.org/turismo/
www.alavaturismo.com

Pinturas góticas de Gazeo y Alaiza

EN TORNO A GASTEIZ SE EXTIENDE LA LLANADA Alavesa, una extensa planicie salpicada de villas, pueblos y pequeñas aldeas. Junto a la que dicen que es la mejor patata del mundo, florece por aquí el románico con sus pequeños templos. Y en dos de ellos, en los lugares de Gazeo y Alaiza, sendos pintores anónimos han dejado la muestra de unas pinturas góticas únicas en su género. Contemplarlas a placer merece y justifica un viaje.

Ábside de Gazeo

En la media naranja del ábside se desarrolla la representación del cielo. Dios padre sostiene a su hijo clavado en una cruz gótica. Todo ello se encierra en una mandorla de fuerte sabor románico. Esta imagen central aparece flanqueada por los bienaventurados que han alcanzado la salvación.

Los guerreros de Alaiza

De trazo más esquemático, monocromas, las pinturas dan noticia de alguna batalla. Aparecen guerreros protagonizando diferentes acciones bélicas. Aportan la ingenuidad de sus imágenes y el valor histórico del testimonio que ofrece un verdadero catálogo del utillaje militar del bajo Medievo.

Pinturas de los muros

Tras al altar aparecen el calvario y el juicio de las almas: santa Marina encadena al diablo, san Miguel pesa a los humanos, el ángel los recoge y Abraham los acoge en su seno. La bóveda recoge diferentes escenas de la vida y pasión de Cristo. En el muro los condenados son conducidos al infierno.

La imagen al servicio de la religión

En Gazeo y Aliaza se puede comprobar cómo nuestros antecesores llenaban con imágenes los muros de sus iglesias y ermitas. El artista podía desgranar los misterios de la religión o simplemente dejar constancia de algún acontecimiento histórico. En ambos casos se trataba de llegar directamente con imágenes a un pueblo analfabeto ignorante del latín, sólo al alcance de unos pocos. Así programa pictórico de San Martín de Tours en Gazeo y la crónica histórica en la Asunción de Alaiza.

INFORMACIÓN
Oficina de Turismo de Agurain
Tel. 945 31 25 35

Zalduondo

SITUADA EN MEDIO DE LOS AMPLIOS PAISAJES de la Llanada Alavesa que limitan por el norte los roquedos de la sierra de Urkilla, Zalduondo es una agradable población con monumentos de interés. Por ella pasaba la calzada romana que unía Toulouse con Segovia; durante la Edad Media esta ruta se incorporó al Camino de Santiago del norte que enlazaba con Gipuzkoa a través del túnel de San Adrián. En la zona se han encontrado diversos monumentos megalíticos.

Casco histórico

El centro de Zalduondo conserva una gran unidad. Monumentos como la parroquia de San Saturnino de Tolosa, que cuenta con un magnífico retablo barroco y símbolos jacobeos, y el palacio de los Lazarraga entonan con la piedra, la forja y la madera de las casas blasonadas y caseríos que los rodean.

Palacio de los Gizones

Se conoce con este nombre el palacio de los Lazarraga, un hermoso edificio renacentista del siglo XVI. Dos hombres (*gizones,* en euskera) con figura de guerreros aparecen situados en los lados del enorme escudo heráldico. Transformado en Museo Comarcal, conserva pinturas murales en una galería interior.

ALREDEDORES

Túnel de San Adrián, Araia y el dolmen de Egilaz

Entre los macizos de Aitzgorri y Aratz, al noreste de Zalduondo, por una roca horadada de forma natural discurre entre un magnífico hayedo la antigua calzada romana, vía también del Camino de Santiago. En la bajada desde el túnel a Zalduondo queda la ermita de San Julián y Santa Basilisa, con un ventanal prerrománico en la cabecera. En Araia se conserva el esqueleto de Ajuria y Urigoitia, una de las primeras fundiciones productoras de acero en España y un hermoso resto de arqueología industrial. En Egilaz se puede ver el dolmen de Aitzkomendi, monumento funerario megalítico descubierto en 1830.

Fiestas de Carnaval

Los de Zalduondo son los carnavales más tradicionales y famosos de la provincia. Se escenifica en ellos un juicio popular hacia un personaje, Markitos, que se identifica con todos los problemas y males del año. El muñeco de trapo y paja acaba condenado y quemado en la hoguera en medio del jolgorio general.

INFORMACIÓN
Museo Etnográfico Comarcal
Tel. 945 30 43 74
www.alava.net

Agurain

Sobre la población Nafarroa Alfonso X el Sabio fundó Salvatierra (Agurain), enclave defensivo en el Camino de Santiago que, desde Segura, bajaba por el túnel de San Adrián, en Aiztgorri. Las dos poderosas iglesias fortificadas, San Juan y Santa María, definen la ciudad a cada extremo de la villa. Entre ambas se despliegan las tres calles que forman el casco antiguo, con la plaza y las famosas *olbeas* porticadas.

Santa María

Templo de los siglos XV y XVI a camino entre lo religioso y lo militar. Formó parte de la antigua muralla y cuenta con un paseo de ronda. De las dos portadas destaca la de estilo hispano-flamenco, con una imagen de la Virgen. El coro es plateresco, con escudo imperial, y el retablo mayor, renacentista.

Casco histórico

Frente a la iglesia de San Juan se abre la plaza de Salvatierra, parcialmente porticada con las popularmente llamadas *olbeas*. Tres calles principales tiene el casco: Zapatari, Mayor y Carnicería, con casas de buena fábrica que lucen escudos heráldicos: Azkárraga, Bustamante, Lazarraga, Santa Cruz...

San Juan

Iglesia construida entre los siglos XVI y XVII. Al igual que Santa María, cuenta con paseo de

ronda y saeteras. Posee una torre parcialmente gótica y un pórtico barroco con portada de arco apuntado con arquivoltas. En la cabecera, de gran originalidad, se halla un retablo con pinturas de Pedro Obrel bajo la influencia de Rubens.

ALREDEDORES

Dolmen de Sorginetxe y Alegría Dulantzi

En Arrizala se levanta el dolmen de Sorginetxe. Seis grandes losas componen su cámara poligonal, con una más baja a modo de ventana. Otra losa

hace de cubierta a la choza megalítica. En Alegría Dulantzi es hermosa la torre neoclásica de la iglesia de San Blas, del siglo XV. El convento de las clarisas se fundó a finales del siglo XVI. A las afueras queda Nuestra Señora de Ayala, construcción románica de transición del siglo XIII.

INFORMACIÓN

Oficina de Turismo
Tel. 945 31 25 35
www.agurain.com

Urizaharra y la Capadocia alavesa

SI EN PEÑACERRADA, URIZAHARRA, NO SORPRENDERÍA ver brotar una hueste de caballeros medievales por entre los torreones cilíndricos de su puerta amurallada, las cuevas rupestres de Faido, Laño y Markínez trasladan al viajero a los más arcaicos tiempos del mundo eremita altomedieval. Son una pequeña pero importante muestra de las más de cien cuevas que existen en Araba. Como colofón, el puerto de la Herrera, extraordinario mirador sobre la vega del Ebro.

Ciudad amurallada

Peñacerrada tiene clara impronta medieval. Se erigió en torno al torreón Urizarra rodeándose de muros después. Son extraordinarios los dos altos torreones cilíndricos que acogen la puerta de arco apuntado. Dentro del pequeño núcleo abundan las casas blasonadas y la iglesia de la Asunción.

Vivir en Cuevas

Por los pequeños pueblos de Faido, Laño y Marquínez aparecen numerosas cuevas rupestres que recuerdan el pasado eremita de la región. Sobresale, en Faido, la que acoge la ermita de la Virgen de la Peña, la iglesia más antigua del País Vasco, con un sorprendente retablo tallado directamente en la roca.

La Asunción

Iglesia de buen porte, cuya torre barroca emerge tras los torreones que dan acceso a la villa, muestra dos puertas que dan a

plazas distintas. La portada meridional es románica, con arquivoltas y capiteles. En el interior destaca un retablo mayor del siglo XVII con buenas tallas y grupos escultóricos.

ALREDEDORES

Puerto de la Herrera

El puerto de La Herrera, en la sierra de Cantabria, hace de puerta a La Rioja. El mirador, al que llaman el Balcón de la Rioja, es uno de los puntos más atractivos de Araba. Situado a 1.000 metros de altura, permite observar los cambios del paisaje, la variación de colores de la vega del Ebro riojana que se extiende a sus pies. Se inauguró en junio de 1962 y dispone de un mapa donde se señalan todas las localidades que alcanza la vista. Si el día es claro se puede ver enfrente hasta los Cameros y la sierra de la Demanda, frontera con Soria.

INFORMACIÓN

www.montanaalavesa.com
Ayuntamiento
Tel. 945 36 70 04

Labastida

EN LA RIOJA ALAVESA Y COMO TREPANDO POR el cerro de la Mota se encuentra esta localidad, muy frecuentada como destino veraniego. Población barroca, destacan sus palacios, construidos en piedra dorada de arenisca, con aleros muy volados, canes de madera labrada y gran profusión de escudos. Se halla tan repleta de blasones que pasa por ser la que mayor número de escudos nobiliarios luce de toda la zona.

Ermita del Santo Cristo

En lo alto del cerro que hace las veces de atalaya, la ermita del Santo Cristo remite a un tiempo belicoso, como bien muestran las saeteras abiertas en sus muros. Es un edificio con impronta románica y gótica que luce una portada con arco abocinado y seis arquivoltas de finales del siglo XII.

La Asunción

Levantada en el siglo XVI, llaman la atención los 50 metros de altura de su torre barroca. Es templo de gran volumen y severidad casi herreriana. Guarda en el interior un importante coro, con órgano del XVIII, y una puerta de estilo isabelino que da acceso a la sacristía ochavada.

Arquitectura civil barroca

La calle Mayor es toda ella un monumento. En la plaza Mayor se encuentra el Ayuntamiento, del siglo XVIII, con pilastras acanaladas y tres arcos de medio punto en la planta baja. Dos arcos, Larrazuria y del Olmo, recuerdan que Labastida estuvo amurallada.

INFORMACIÓN
Tel. 945 33 10 15
www.labastida-bastida.org

ALREDEDORES

Buradon Gatzaga

Salinillas de Buradón, importante núcleo defensivo, separaba los reinos de Castilla y de Nafarroa. En la muralla, dos interesantes arcos de entrada cobijan las puertas situadas al este y al sur. Cuenta con la única calle

porticada de toda la Rioja alavesa, soportales que se mantienen en la plaza, resultado del cruce de tres calles. El antiguo hospital de Peregrinos, la iglesia de la Inmaculada, algunas casas con escudos nobiliarios y el palacio de los Condes de Oñate, que envuelve la sólida torre de los Sarmiento, son destacados rincones de su casco urbano.

Elciego

ELCIEGO ESTÁ DISPUESTA A COMPETIR CON BILBO por hacerse con el testigo de la arquitectura de vanguardia. Su baza está en la ampliación que en las bodegas del Marqués del Riscal realiza Frank Gehry, el arquitecto gurú del momento. Además, muestra sus encantos habituales, la plaza Mayor o la iglesia de San Andrés, desde que empezara a desarrollarse a partir de una venta edificada por un invidente, según dice la tradición.

San Andrés

Iglesia renacentista con aire especialmente suntuoso. Cuenta con una fachada flanqueada por dos torres poligonales asimétricas, con pórtico de ingreso bajo un gran arco de medio punto y una galería superior con balconada formada por siete arcos rebajados. En el interior destaca un coro plateresco y la sacristía neoclásica de Olaguibel.

Bodega de autor

En la histórica bodega del Marqués de Riscal, Frank Gehry construye una espectacular estructura de titanio a modo de convulsa escultura coloreada, bajo la inspiración del vino, en atrevidos rosas, plateados y dorados. El edificio albergará salas, oficinas, restaurante, hotel y museo.

PALACIO DE SAMANIEGO

Constitución, 12 (Samaniego).
Tel. 945 60 91 51
Un palacete construido entre los siglos XVII y XVIII para quienes quieran dormir entre viñedos. Luminosas y acogedoras, sus 11 habitaciones visten muebles envejecidos de madera, suelos de barro cocido y telas estampadas. *(Ver pág 135).*

INFORMACIÓN

Oficina de Turismo de Laguardia
Tel. 945 60 08 45
Bodega Marqués de Riscal
Tel. 945 60 60 00

ALREDEDORES

Samaniego

Recostada contra los farallones de la sierra de Cantabria, la iglesia de la Asunción refuerza su imagen de fortaleza. Edificada en la segunda mitad del sigo XVI, dispone de una espléndida portada barroca con columnas rematadas por capiteles corintios. El retablo mayor es churrigueresco, y la talla de Nuestra Señora del Valle, del siglo XIV. No hay que perderse el interesante palacio de Samaniego, situado en el centro de la villa, noble edificio que aloja un buen hotel y restaurante. En el Ayuntamiento, un orgulloso escudo imperial domina la fachada.

Laguardia esencial

Casco histórico
Conserva íntegro su viejo trazado, con tres calles principales y otras tres perpendiculares. Este formidable recinto alberga numerosas casas gótico-renacentistas, barrocas y alguna neoclásica. De las más antiguas es la casa de la Primicia, de principios del siglo XV.

Solar de Samaniego
El fabulista Félix María Sánchez Samaniego nació en la plazuela de San Juan. La casa, del siglo XVII y tres plantas de buena sillería, se organiza en torno a un patio interior. Cuenta con portada con columnas y escudo en lo alto. Funciona como estación enológica y casa del vino.

Lagunas
El Biotopo Protegido de las lagunas de Laguardia engloba a tres pequeños humedales. Dos de ellos, Carralogroño y Carravalseca, son lagunas temporales endorreicas, de origen y funcionamiento natural, mientras que el tercero, el Prao de la Paul, fue creado sobre una antigua zona encharcada.

La Hoya
Asentamiento celtibérico perteneciente a la Edad del Bronce, enclavado en un llano sobre lo que debió de ser un importante cruce de caminos. El museo muestra parte de lo hallado en las excavaciones, una gran maqueta de cómo pudo ser el poblado y la reconstrucción de una vivienda.

Torre abacial
Junto a Santa María se encuentra la torre abacial, esbelta construcción adosada a la muralla. Las ventanas emparejadas de la parte superior son románicas, como el relieve de San Salvador. La imagen de San Benito y las ventanas del tramo inferior son góticas.

AMURALLADA Y SOBRE UN CERRO, PLAZA ADELANTADA del Reino de Nafarroa en tiempos de Sancho Abarca, Laguardia es un extraordinario ejemplo de urbanismo medieval que se conserva en su integridad. Puertas como la de San Juan, las casas que asoman a sus tres calles e iglesias como la de Santa María de los Reyes, con su maravillosa portada policromada, hacen de Laguardia un lugar difícil de olvidar, como tampoco lo son el vino y sus bodegas.

Murallas y puertas

A Laguardia la rodea una particular muralla, en la que las casas, algunas con ventanales góticos, constituyen la propia cerca. Cinco puertas franquean el paso: Páganos, San Juan, Santa Engracia, Mercadal y Carnicerías.

Bodegas

El subsuelo de Laguardia se encuentra trufado de pequeñas bodegas, algunas visitables. Y por los alrededores se localizan algunas de las grandes firmas que han hecho del rioja un referente casi universal; con la impronta de arquitectos de la talla de Santiago Calatrava.

Santa María la Mayor

Al final de la calle Mayor queda Santa María de los Reyes, iglesia entre gótica y renacentista cuya portada gótica esculpida y policromada es un ejemplar único. La Virgen de los Reyes ocupa el parteluz sobre un pedestal donde se representan los pecados capitales.

San Juan Bautista

Junto a una puerta de la muralla está San Juan Bautista, cuya torre fue despojada de sus almenas para alojar el cuerpo de campanas. Es un compendio de estilos: luce una portada románica, nave central gótica y la capilla de Nuestra Señora del Pilar ya del siglo XVIII.

Calles principales

Las calles Páganos, Mayor de Migueloa y Santa Engracia, con claro sabor añejo, recorren el casco antiguo de la localidad alavesa, mostrando un gran número de casas señoriales entre las que despuntan la del fabulista Samaniego y la de la Primicia.

Santa María de los Reyes

AL FINAL DE LA CALLE MAYOR DE LAGUARDIA se levanta Santa María de los Reyes. Bajo el pórtico de esta iglesia, entre gótica y renacentista, se guarda una portada tallada en el siglo XIV y policromada en el XVII. El conjunto resulta extraordinario, una muestra de arte única en su género: la Virgen de los Reyes en el parteluz, el tímpano narrando escenas de la vida de María y las arquivoltas ocupadas por apóstoles, mártires y ángeles músicos.

Parteluz

Sobre un alto pedestal, decorado en su parte inferior con figuras representativas de los pecados capitales y en la parte superior con la historia del pecado original, se halla la Virgen de los Reyes. En sus brazos, el niño, que sostiene un pájaro en las manos. Es la talla más bella de todo el conjunto.

ANTIGUA BODEGA DE DON COSME PALACIO

Ctra. de Elciego, s/n (Laguardia).
Tel. 945 62 11 95
Las primitivas salas de barricas de hace más de un siglo fueron convertidas en un coqueto hotel al estilo de los *chateaux* franceses, cuyos interiores ofrecen una atmósfera rústica y alegre.
(Ver pág. 133).

Apostolado

Sobre los pedestales adornados con motivos vegetales, animales monstruosos y figuras humanas se alzan las imágenes de los apóstoles. La mayoría sostiene su distintivo en la mano. A los pies de cada apóstol aparece inscrito su nombre. A la derecha de la portada y fuera de ella están Sancho Abarca y su esposa.

Tímpano

Dividido en tres lienzos, el tímpano de la portada narra la historia de la Virgen. En el inferior, de izquierda a derecha, la Anunciación, la visita a su prima santa Isabel y la Adoración de los Magos. En el intermedio se observan escenas de la muerte de María, y en el superior, la Coronación de la Virgen por su hijo.

CASTILLO EL COLLADO

Paseo El Collado, 1 (Laguardia).
Tel. 945 62 12 00
Castillo en miniatura que proviene de la restauración de una casa señorial de principios del siglo XX. Las vistas desde cualquier

habitación sobre la sierra de Cantabria bastan para quedarse otra noche más.
(Ver pág. 133).

INFORMACIÓN

Oficina de Turismo
Tel. 945 60 08 45
www.laguardia-alava.com

Yacimiento arqueológico de La Hoya

CERCA DE LAGUARDIA SE ENCUENTRA EL POBLADO DE La Hoya, de la Edad del Bronce, asentamiento celtibérico enclavado en un llano sobre lo que debió de ser un importante cruce de caminos. Sus restos arqueológicos evidencian una cultura urbana avanzada para la época, c calles empedradas formando manzanas, aceras y viviendas de madera, piedra y adobe. Por razones que se desconocen fue abandonado aproximadamente en el siglo III a. C.

Primera ocupación

El primer asentamiento data de 1.500 años antes de nuestra era, cuando pobladores indoeuropeos toman contacto con las culturas megalíticas existentes en la zona. El poblado se defiende por una muralla de la que se conservan unos 360 metros. En un principio fue de madera, de mampostería después.

Museo

En el Museo de La Hoya se muestra parte del material hallado en las excavaciones, una gran maqueta de cómo pudo ser el poblado y la reconstrucción a tamaño natural de una vivienda en la que se incluyen los ajuares tal y como se encontraron en las excavaciones arqueológicas.

POSADA MAYOR DE MIGUELOA

Mayor, 20 (Laguardia).
Tel. 945 62 11 75
Se encuentra en el corazón de la histórica villa de Laguardia. Erigido en 1619, el

monumento se resume en tres plantas de sillería y un ático amaderado de ambiente acogedor y tranquilo. *(Ver pág 133).*

ALREDEDORES

Elvillar

Camino de Elvillar aparece el dolmen funerario campaniforme conocido como Chabola de la Hechicera, excavado entre 1935 y 1936, que cuenta con una cámara poligonal cubierta y corredor. El caserío de Elvillar domina un profundo valle. En su iglesia de la Asunción, que adopta aire de fortaleza, resalta el magnífico retablo del altar mayor. Realizado en el siglo XVI, fue policromado un siglo después. De entre las casas nobles destaca la del Indiano, magnífica mansión de tres plantas con escudo de armas esquinero.

INFORMACIÓN

Tel. 945 62 11 22

Labraza

Labraza es villa de un solo blasón, caserío humilde y encantadoras calles estrechas, algunas de ellas con pasadizo. La localidad es un baluarte en lo alto de un cerro cuyas murallas, que siguen rodeándola, se han visto invadidas por ventanas y balcones. Fue importante hasta que se hizo innecesaria como plaza fuerte. Ahora conserva un aire decadente, evocador de un tiempo ya pasado.

San Miguel

En lo más alto del lugar, sus muros formaron parte de la muralla. De estilo gótico y esbelta torre barroca de tres cuerpo del siglo XVIII, el último con linterna. El actual retablo barroco sustituye a otro del gótico avanzado que puede contemplarse en el Museo de Bellas Artes de Gasteiz.

Murallas

Usadas como vivienda, repletas de ventanas y balcones, rodean por completo el escueto trazado urbano de la villa. La parte sureste es la mejor conservada. Mantiene en pie una de sus entradas, la de la puerta sur, en la que se conserva la caja por la que corría el rastrillo al cerrarse.

MONASTERIO CISTERCIENSE DE SANTA MARÍA DE BARRÍA

Ctra. de Laserna, 10 (Oion).
Tel. 945 60 11 16
Moderno monasterio de ladrillo visto —sólo para mujeres— que está abierto a la reflexión, la oración, los estudios y el descanso, si bien para ser admitida hay que despertar la confianza de las monjas o ir recomendada. *(Ver pág 135)*.

INFORMACIÓN
www.rioja-alavesa.net

ALREDEDORES

Moreda de Araba

En lo alto del cerro de San Cristóbal existió un poblado de la Edad de Hierro, y en la alta Edad Media, una ermita. La villa actual recoge un buen número de casas blasonadas con escudos de apellidos ilustres. La iglesia parroquial, de portada plateresca y dedicada a Santa María, ofrece dos épocas diferenciadas: los siglos XVI y XVIII. En el exterior hay una galería de arcos de herradura. En el interior, las paredes y la bóveda están decoradas con pinturas. El retablo mayor es barroco, con una imagen de la Virgen románica de transición al gótico.

Alojamientos y restaurantes

A MÁS DE 30 € **B** 21-30 € **C** 12-21 € **D** MENOS DE 12 €

Alojamientos y restaurantes

Álava/Araba

Aiara

LOS ARCOS DE QUEJANA

Ctra. Beotegui, s/n (Kexaa). Tel. 945 39 93 20 www.arcosdequejana.com Palacio del siglo XIV propiedad de los señores de Ayala rodeado de jardines y frutales. Estancias equipadas con corrección, sin alardes decorativos. Habitación doble: 62 €.

LOS ARCOS DE QUEJANA

Ctra. Beotegui, s/n. Tel. 945 39 93 20 Hogar palaciego del siglo XVII donde se disfruta de una cocina vasca natural con buenas carnes y pescados a la brasa. Precio: **B**

Amurrio

ARENALDE

Cerrajería, 1. Tel. 945 89 24 26 Situado en un antiguo caserío del siglo XVI. Ofrece una carta repleta de recetas vascas, en los que alternan platos tradicionales con otros más imaginativos. Repostería casera. Precio: **B**

BIDEKO

Barrio de Bideko, s/n. Tel. 945 89 06 33 Ubicado en un precioso caserío del siglo XVIII en pleno valle de Ayala. Cocina vasca servida en abundantes raciones. Detalles de originalidad. Repostería casera muy cuidada. Precio: **A**

CASERÍO IRUARITZ

Barrio San Prudencio, 29. Tel. 945 89 26 76 Caserío rural situado en un entorno pintoresco. Cocina casera de calidad basada en productos naturales. Ambiente muy propicio para el sosiego. Imprescindible reservar. Precio: **B**

EL REFOR

Maskuribai, 21 (edificio El Salvador). Tel. 945 39 33 14 Ocupa un ala del antiguo reformatorio. Notable selección de productos. Cocina innovadora. Postres originales. Conviene reservar. Precio: **B**

Aprikano-Valle de Kuartango

CASA MARIBEL

Tel. 945 36 28 18 / 629 41 22 77 Antigua casa de postas del siglo XV que ha pertenecido siempre a la misma familia, rodeada por un jardín de 2.000 metros cuadrados lleno de flores y árboles. Cuenta con un sinfín de detalles que convierten esta estancia rural alavesa en una de las más personales, o personalizadas, de todo Euskadi. Habitación doble: 55 €.

Artziniega

TORRE DE ARTZINIEGA**

Cuesta de Luciano s/n. Tel. 945 39 65 00 www.hoteltorre.com Unos interiores de aires nobiliarios y unas estancias detallistas y coquetas es lo que ofrece la antigua torre medieval de los Ortiz de Molinillo-Velasco, en el casco antiguo de Artziniega. Habitación doble: 53 €.

Burgelu

PARADOR DE ARGÓMANIZ***

Ctra. N-I, km 363 (Argómaniz). Tel. 945 29 32 00 www.parador.es El escudo de armas de los Larrea preside la fachada de este palacio renacentista, donde hizo un alto el mismo Napoleón en su campaña contra Gasteiz. Interiores espaciosos, tanto en las zonas comunes como en las estancias, creando un ambiente tranquilo y relajante en medio de la llanura alavesa. Habitación doble: 97 €.

Castillo-Sopeña

TORRE ROBREDO

Real, 5. Tel. 945 36 28 18 / 629 41 22 77 Viejo y hermoso caserío alavés en un pueblecito recóndito y lleno de silencio. Amplitud de espacios, un espíritu de caserío vasco que aún bulle por las estancias y mucho terreno. Casa: 235 €/día.

Estibaliz

HOSPEDERÍA EXTERNA DEL MONASTERIO DE ESTIBALIZ

Tel. 945 29 30 88 Los alojados dentro del edificio han de regirse por las normas de los monjes y respetar horarios de comidas, así como de apertura y cierre de las puertas. Por lo demás, el huésped tiene plena libertad. Pensión completa: 20 €.

SANTUARIO DE SANTA MARÍA DE ESTIBALIZ

Tel. 945 29 30 88 El templo actual es del XII. Silencio y aislamiento que los huéspedes disfrutan –sólo hombres–. Ruegan los religiosos que se respeten los horarios, se coma con ellos y se evite molestar a los demás. Pensión completa: 20 €.

Laguardia

ANTIGUA BODEGA DE DON COSME PALACIO**

Ctra. Elciego, s/n.
Tel. 945 62 11 95
www.habarcelo.es
Las primitivas salas de barricas de la bodega fundada por Cosme Palacio hace más de un siglo a las afueras de la villa medieval de Laguardia, fueron convertidas en 1991 en un coqueto hotel al estilo de los *chateaux* franceses. Una torre-vigía de los confines de la llanura castellana cuyos interiores, vestidos con mobiliario de madera teñida, suelos de tarima y paredes de piedra a la vista, ofrecen una atmósfera rústica y alegre. Los salones, también consagrados a la cultura ancestral del vino, exhiben adornos cuya originalidad rubrica el apego a la tierra del artista local que los firma. Y como regalo de bienvenida, una botella de buen vino riojano. A la hora del almuerzo, el menú bodeguero sorprende por sus buenas maneras a los comensales. Habitación doble: 69-75 €.

CASTILLO EL COLLADO**

Paseo El Collado, 1.
Tel. 945 62 12 00
www.euskalnet.net/hotelcollado
Desde su castillo en miniatura, en la ciudad amurallada de Laguardia, Javier Arcillona muestra sus mimbres de anfitrión a la vez que oficia con arte en fogones y cazuelas. Su hotelito proviene de la restauración de una casa señorial de principios del siglo XX, con sonoridad de clavicémbalo y coro celestial. Cada una de sus nueve habitaciones se presenta como una prolongación física de su personalidad barroca, inmensamente hospitalaria. Unas recuerdan ilustres personajes de la villa, como la reina Doña Blanca —vestida de azulejos sevillanos en el baño— o Sancho Abarca —con muros de piedra a la vista y un original baño de mármol verde con mosaicos y cenefas—. Otras son alegóricas de las fábulas de Samaniego, como la denominada *Amor y Locura,* que ocupa el torreón del castillo. Las vistas desde cualquiera de ellas sobre la sierra de Cantabria y los viñedos circundantes a Laguardia bastan para quedarse una noche más. Habitación doble: 110 €.

POSADA MAYOR DE MIGUELOA**

Mayor, 20. Tel. 945 62 11 75
www.mayordemigueloa.com
En el corazón de la histórica villa de Laguardia, el portón de entrada al palacio de Viana, coronado con el escudo de Sánchez Hilara, propone al viajero un viaje en el tiempo para trasladarle de inmediato al Siglo de Oro español. El monumento se resume en tres plantas de sillería y un ático amaderado de ambiente acogedor y tranquilo, ideal para escuchar música o charlar.
En los interiores la viguería de madera, las paredes de granito, los suelos de barro, las alfombras, las jofainas, los pupitres, las escribanías y otras antigüedades consiguen que los huéspedes se sientan en un ambiente principesco. Cada una de sus ocho habitaciones viste un estilo ornamental propio y diferenciado, aunque todas resultan muy entrañables, con su nueva lencería de cama de chinilla inglesa, y presentan un equipamiento al uso en los tiempos actuales. Y en los sótanos del edificio, el mayor tesoro de la casa: miles de botellas de rioja, que reposan en la oscuridad de la bodega.
Habitación doble: 93 €.

VILLA DE LAGUARDIA****

Paseo San Raimundo, 15.
Tel. 945 60 05 60
www.hotelvilladelaguardia.com
Edificio de cuatro alturas cuyo perfil recuerda las casas de aguas de la zona. Estancias decoradas al detalle por la vitoriana Ana Fernández de Larrea, combinando elementos clásicos con estampados, materiales nobles y una amplia gama cromática. Restaurante de calidad.
Habitación doble: 85-135 €.

ASADOR HÉCTOR ORIBE

Gasteiz, 8, Paganos.
Tel. 945 60 07 15
Su carta se caracteriza por la creatividad y el equilibrio de los platos. Además, sugerente menú del día. Precios razonables. Precio: **B**

CASTILLO EL COLLADO

Paseo del Collado, 1.
Tel. 945 62 12 00
Ocupa un castillo muy acogedor. Cocina de siempre modernizada con criterio. Materias primas de calidad. De postre, arroz con leche de la casa. Precio: **A**

MARIXA-RIOJA

Sancho Abarca, 8.
Tel. 945 60 01 65
Domina con éxito los platos del recetario vasco-riojano. Prepara notables guisos de cuchara. Postres refinados. Los fines de semana y festivos está lleno a rebosar.
Precio: **A**

Lantziego

LARRAIN*

Mayor, 13. Tel. 945 62 82 26
www.hotellarrain.com
Mansión solariega del siglo XVIII. Antes que hotel fue hospital, cine, casa de maestros y Ayuntamiento. Sencillas y rústicas, sus habitaciones resultan espaciosas y acogedoras. En su restaurante se sirven recetas creativas regadas con los afamados caldos de la comarca. Habitación doble: 54-60 €.

Legutiano

HARITZ ONDO**

Casas, 20-22, Elosu.
Tel. 945 45 52 70
www.hotelharitzondo.com
Caserío ubicado a orillas del embalse de Legutiano. Vistas al monte Gorbeia desde el jardín. Alcobas espaciosas y bien pertrechadas. La decoración de los interiores exhibe vistosos entramados de madera de roble en los techos.
Habitación doble: 66-72 €.

EL CRUCERO

Kuruzalde, 2.
Tel. 945 45 50 33
Cocina casera a precios moderados. Buenos guisos de pescado. Postres tradicionales. Precio: **C**

Lezama

IRUARITZ BASERRIA

San Prudencio, 29.
Tel. 945 89 26 76
Más que una casa de campo podría hablarse de un palacete de cinco estrellas levantado sobre los restos de un caserío del siglo XV, catalogado dentro del patrimonio histórico del País Vasco, con todo el mimo y la delicadeza de quien sabe que el gusto está en los detalles. Sábanas de algodón americano con las iniciales bordadas, muebles de anticuario en todas las habitaciones, cuartos de baño con secador, frutas y flores frescas en las alcobas... Y además, sólo cinco habitaciones, para disfrutar plenamente del silencio. Pese a las reformas, se ha respetado la estructura original del caserío, incluidos el pajar, la cuadra y el horno de pan, reciclados ahora en dos amplias estancias, la biblioteca y la sala de televisión, que rezuman calidez y sensaciones hogareñas. Hay también un horno en el jardín y una mesa con pérgola donde cenar en las noches de verano, y bicicletas a disposición de quienes quieran descubrir los alrededores pedaleando.
Habitación doble: 56-66 €; con salón, 66-78 €.

Llodio

PALACIO DE ANUNCIBAI

Barrio de Anuncibai, s/n (Areta). Tel. 946 72 61 88
Ocupa un palacio muy visitado los fines de semana. Cocina norteña servida en platos bien elaborados. Pescados frescos en su punto. Postres caseros bien presentados. Servicio atento. Precio: **A**

Maturana

SAGASTI ZAHAR

Sagasti Zahar, 10.
Tel. 945 31 71 58 / 610 03 36 78
Fantástico ejemplo de caserío vasco. Se podría hablar mucho del magnífico espacio ajardinado que lo rodea, de sus piedras y maderas cargadas de historia familiar o de la agradable chimenea de piedra que preside el salón, enmarcada por muebles antiguos. El salón de la chimenea se ha decorado con varios ambientes de lectura y colores enérgicos, a la vez que el comedor ha sido trasladado a una nueva estancia. El antiguo pajar es ahora la habitación número 4, con un acceso directo al jardín. La número 3 ofrece un confortable techo abuhardillado, y la número 2, unos preciosos cabeceros hechos con dos yugos portugueses pintados a mano. Sagasti Zahar rezuma vida rural en estado puro.
Habitación doble: 50 €; casa/día: 300 €.

Murua-Valle de Zigoitia

GUIKURI

Guikuri, 1. Tel. 945 46 40 84 / 615 78 23 23
www.guikuri.com
Lo primero que llama la atención de este agradable alojamiento rural en el Parque Natural del Gorbeia es la arriesgada apuesta de tonalidades: rojos incandescentes, naranjas vivos, suaves malvas, azules marinos, morados intensos... que iluminan techos y paredes de habitaciones y cuartos de baño. El caserío lo forman dos viviendas contiguas: una es la casa de los propietarios; la otra es para uso exclusivo de los huéspedes, incluido un espacioso salón con dos alturas invadido por la luz y unos dormitorios cargados de buen gusto. Envolviéndolo todo, una gran zona ajardinada y un huerto ecológico del que salen las materias primas para los desayunos caseros.
Habitación doble: 46-51 €.

Oion

MONASTERIO CISTERCIENSE DE SANTA MARÍA DE BARRÍA

Ctra. de Laserna, 10.
Tel. 945 60 11 16
Moderno monasterio de ladrillo visto –sólo para mujeres– que está abierto a la reflexión, la oración, los estudios y el descanso, si bien para ser admitida hay que despertar la confianza de las monjas o ir recomendada. Precio: consultar.

MESÓN LA CUEVA

Concepción, 15.
Tel. 945 60 10 22
Típico mesón de estilo rústico donde se elabora una cocina casera tradicional. Buenas carnes a la brasa y deliciosas manitas de cerdo. Bodega del siglo XVII. Dispone de terraza-comedor. Precio: **B**

Ribera Alta

TORRE DE SAMANIEGO

Barrón, s/n, Barrón.
Tel. 945 36 23 50
www.asalinasetc.com
Casona de piedra del siglo XV que perteneció a la familia de nobles Ortiz de Barrón. Totalmente rehabilitada por los Samaniego, su arquitectura apuesta por la estética vanguardista, aunque respetando los elementos característicos de su estructura original. Se asienta sobre el valle de Arcamo y alberga unas estancias muy acogedoras. Habitación doble: 45 €.

Samaniego

PALACIO DE SAMANIEGO**

Constitución, 12.
Tel. 945 60 91 51
www.palaciosamaniego.com
Un palacete construido entre los siglos XVII y XVIII, con fachada de sillería en piedra y portentoso escudo de armas, que sirvió de residencia durante años al párroco de Samaniego y que, desde 1997, se ofrece a quienes quieran dormir entre viñedos, con las montañas al fondo, en uno de los lugares que mejor describe las excelencias de la Rioja alavesa. Luminosas y acogedoras, sus 11 habitaciones visten muebles envejecidos de madera, suelos de barro cocido y telas estampadas. La planta baja está consagrada por entero al restaurante: tres piezas ambientadas a lo rústico en las que Ugalde juega a ser maestro con los productos básicos de la tierra. Recetas regadas con caldos de la región. Habitación doble: 49-60 €.

PALACIO DE SAMANIEGO

Constitución, 12.
Tel. 945 60 91 51
Amplio local situado en un encantador palacio del siglo XVIII, dentro del casco urbano de la villa. Con productos de la tierra elabora platos de perfil contemporáneo. Guisos del día. Buena bodega. Postres caseros. Precio: **A**

Sojo-Zollo

IBAIZAR

Ibaizar Baserria, 4.
Tel. 945 39 66 86
www.ibaizar.com
Dos parejas de amigos alaveses que decidieron cambiar a un estilo de vida más sosegado son los responsables del renacer de este rescatado caserío vasco de 1650. Ahora cultivan su propia huerta ecológica y comparten con sus clientes una vivienda de colores básicos bien molturados con la piedra y la madera. En la planta baja, un salón muy amplio estructurado en torno a la chimenea comparte espacio con el comedor, donde los desayunos, almuerzos y cenas se sirven en vajilla de cerámica diseñada por ellos mismos y cubertería italiana, que crean un conjunto de gran armonía para empezar a disfrutar de la buena mesa.
Habitación doble: 60 €; con cocina: 72 €.

Villanañe

CASA DE ESPIRITUALIDAD ANGOSTO

Tel. 945 35 30 21
Edificio nuevo con capacidad suficiente para recibir a grupos de reflexión, de yoga y de cualquier otra disciplina mística. Las personas que no vayan en grupo tienen que consultarlo previamente. Precio: consultar.

Vitoria/Gasteiz

ACHURI*

Rioja, 11. Tel. 945 25 58 00
Moderno, con fachada poco atractiva y ubicado en el centro de la ciudad. Las habitaciones mantienen una decoración austera, aunque parecen correctas en equipamiento. Gran salón de convenciones y banquetes. Habitación doble: 46 €.

ALMONEDA***

Florida, 7. Tel. 945 15 40 84
www.hotelalmoneda.com
Edificio moderno ubicado en el centro de la ciudad, muy cerca del casco viejo y del parque de La Florida. Sus habitaciones, sencillas y confortables, disponen de un equipamiento completo. Habitación doble: 105 €.

BARCELÓ HOTEL GASTEIZ****

Avda. Gasteiz, 45.
Tel. 945 22 81 00
www.bchoteles.com
Edificio céntrico y moderno con fachada blanca. Ofrece a sus huéspedes, en su mayoría ejecutivos en viaje de negocios, unas estancias confortables y funcionales. Habitación doble: 64-120 €.

CIUDAD DE VITORIA****

Portal de Castilla, 8.
Tel. 945 14 11 00
www.hoteles-silken.com
Palacio de estilo francés del siglo XIX, ubicado en el centro de la población. Los interiores, dotados de ascensores panorámicos y de una claraboya que deja pasar la luz natural, han sido decorados con murales originales de la derribada fábrica de naipes de Heraclio Fournier, como el mural de la Reina colgado en el restaurante. Estancias amplias y bien insonorizadas, asomadas al patio o al jardín. Habitación doble: 65 €.

DATO**

Dato, 28. Tel. 945 14 72 30
www.hoteldato.com
Antigua vivienda de interiores sorprendentes, en una céntrica calle peatonal de la que toma el nombre. Habitación doble: 39 €.

GENERAL ÁLAVA***

Avda. Gasteiz, 79.
Tel. 945 21 50 00
www.hga.info
Ubicado en la mítica avenida Gasteiz, estrenó hace dos años fachada, decoración y dos terrazas en el ático. Habitación doble: 69-113 €.

GRAN HOTEL LAKUA*****

Tarragona, 8. Tel. 945 18 10 00
www.granhotelakua.com
Edificio de reciente construcción ubicado en la nueva zona de Lakua, a la entrada de la ciudad. Además de unas habitaciones amplias y equipadas al detalle, ofrece alojamiento en apartamentos y estudios. Dispone de planta ejecutiva con sala de reuniones. Habitación doble: 185 €.

PALACIO DE ELORRIAGA**

Elorriaga, 156.
Tel. 945 26 36 16
Casa solariega de los siglos XVI-XVII rehabilitada respetando su estructura original. Dispone de habitaciones generosas de espacio y de diseño original, siguiendo un estilo rural con suelos de barro cocido, paredes con un grueso gotelé de color amarillo suave y techos con vigas de madera a la vista. En la decoración de los interiores se han utilizado maderas recuperadas del puerto de Bilbo. Habitación doble: 85 €.

ALBATROS

Avda Judizmendi, 4.
Tel. 945 12 03 84
Cocina regional presentada con elegancia. Además, menús del día y otro especial a precios razonables. Barra de pinchos a la entrada. Muy concurrido. Precio: **A**

ARKUPE

Mateo de Moraza, 13.
Tel. 945 23 00 80
Cocina vasca en la que se aprecian detalles evolutivos. Se aconseja el menú degustación. Precios razonables. Postres de la casa. Ocupa un edificio del siglo XVIII. Precio: **B**

ASADOR ORIO

Felicia Olabe, 3 bajo.
Tel. 945 14 83 00
Asador especializado en carnes y pescados a la brasa. De postre, panchineta. Precio: **A**

CASA VIEJA ETXE ZAHARA

Chiquita, 6. Tel. 945 14 65 65
Prosigue con una sorprendente línea de regularidad. Se aconseja el cochinillo, el cordero y las recetas de bacalao. De postre, tarta de hojaldre y dulces caseros. Precio: **B**

CONDE DE ÁLAVA

Cruz Blanca, 8.
Tel. 945 22 50 40
Cocina bien elaborada con arreglo a patrones tradicionales. Utiliza productos de la región. Como recomendación, la ensalada templada de pulpo. Cuidados postres caseros. Precio: **B**

DOS HERMANAS

Madre Vedruna, 10.
Tel. 945 13 29 34
Ubicado en el centro de la localidad, continúa ofreciendo platos de temporada con toques innovadores. Repostería de la casa y ambiente tradicional. Precio: **A**

EL CLARETE

Cercas Bajas, 18.
Tel. 945 28 77 75
Cocina basada en las tradiciones del entorno muy bien actualizada. Recomendable la terrina de patata con morcilla y el lomo de bacalao confitado. Postres cuidados. Agradable local que conserva el sabor de las viejas tabernas. Precio: **A**

EL PORTALÓN

Correría, 151.
Tel. 945 14 27 55

Local muy bien decorado que ocupa un edificio del siglo XV. Sirve recetas de temporada inspiradas en la cocina vasca a las que se añaden pinceladas de modernidad. Buen servicio. Precio: **A**

ELI REKONDO

Prado, 28. Tel. 945 28 25 84
Cocina vasca preparada con buenas materias primas. Servicio atento. Local céntrico. Precio: **B**

IKEA

Portal de Castilla, 27.
Tel. 945 14 47 47
Emplazado en un elegante caserón de principios de siglo. Prepara una elegante e innovadora cocina de mercado que no por ello renuncia al clasicismo. Materias primas inmejorables. Los postres y el servicio, en consonancia con la calidad de la cocina. Precio: **A**

IRADIER

Manuel Iradier, 23.
Tel. 945 14 01 56
Asador muy concurrido, con buen dominio de la materia prima de calidad. Aconsejable el asado de cordero y los pescados. Recetas de temporada. Bodega importante. Precio: **A**

IZAGA

Beato Tomás de Zumárraga, 2.
Tel. 945 13 82 00
Su oferta conjuga platos tradicionales con otros de perfil innovador. Sabroso pichón asado. Precios razonables. Precio: **A**

LA COCINA DE PLÁGARO

Florida, 37. Tel. 945 27 96 54
Local ubicado en el centro de la localidad. Ofrece sabrosos platos de influencia vasca y riojana. Asados a la parrilla y cocina imaginativa. Precio: **A**

MESA

Chile, 1. Tel. 945 22 84 94
Sirve buenos productos del mar y de la tierra. Platos de caza en temporada. Postres de la casa. Precio: **B**

OLEAGA

Adriano VI, 15.
Tel. 945 22 33 10
Ofrece una cocina casera de inspiración vasca. Recomendables la merluza, las verduras y caza en temporada. Buena barra con pinchos. Repostería casera. Bodega cuidada. Precio: **B**

SAGARTOKI

Prado, 18. Tel. 945 28 86 76
Elegante sidrería donde se combinan especialidades típicas con otras propuestas actuales. Sugerente barra muy concurrida. Postres de la casa. Conviene reservar. Precio: **A**

SIDRERÍA SAN

Alto Armentia, 8 (Armentia).
Tel. 945 13 15 65
Local idóneo para degustar sabrosas recetas informales. La calidad del producto es excelente. Buenas carnes y pescados a la parrilla. Precio: **B**

TÁBULA

Doce de Octubre, 1.
Tel. 945 27 80 41
Platos tradicionales y recetas de marcada originalidad. Cocina bien elaborada con acertadas presentaciones. Postres de la casa. Precio: **A**

XIXILU

Plaza de América, 2.
Tel. 945 23 00 68
Ideal para comer bien y de manera desenfadada. Destacan los pescados y las ensaladas. Además, notables guisos del día. De postre, goxúa. Precio: **B**

ZABALA

Mateo Moraza, 9.
Tel. 945 23 00 09
Emblemática casa de comidas que ofrece unos guisos deliciosos. Recomendables las pencas rellenas. Postres sencillos. Precio: **B**

ZALDIARÁN

Avda. Gasteiz, 21.
Tel. 945 13 48 22
Cuidado local que dispone de comedores y reservados. Cocina moderna ejecutada con buena técnica. En su carta destacan también platos inspirados en el recetario vasco tradicional. Postres de calidad. Precio: **A**

Zuia

LA CASA DEL PATRÓN**

Calle San Martín 2.
Tel. 945 46 25 28
www.casadelpatron.com
En el valle de Zuia se emplaza esta construcción de nueva planta edificada a la manera de los antiguos caserones. Habitaciones correctas en equipamiento, aunque austeras. Cocina vasca. Habitación doble: 51-55 €.

ARLOBI

Elisalde Kalea, 21 (Sarria).
Tel. 945 43 02 12
Situado en un antiguo caserío rodeado de un vistoso paisaje. Recetas de indudable carácter vasco que evidencian un sello de modernidad. Se aconsejan sus sabrosos platos del día. Conviene reservar los fines de semana. Precio: **A**

Guipúzcoa/ Gipuzkoa

Azpeitia

HOSPEDERÍA LARRAÑAGA

Barrio Urrestrilla s/n.
Tel. 943 81 11 80
www.hotel-larranaga.com
Un caserío del siglo XVI, ubicado en pleno valle de Urola, lleno de tipismo y rusticidad convencional. Cocina tradicional vasca de calidad.
Habitación doble: 60 €.

JUANTXO

Loiola-Bide, 5.
Tel. 943 81 43 15
Cocina de mercado elaborada con personalidad. Productos notables. Recetas sencillas. Sabrosas carnes y pescados frescos. De postre, flan.
Precio: **C**

Beasain

RUBIORENA

Zaldizurreta, 7.
Tel. 943 88 57 60
En la cocina de Gorka Salaberría alternan platos elaborados con atinadas pinceladas de modernidad, sin perder de vista las recetas de corte tradicional. Interesantes postres de la casa. Precios muy razonables.
Precio: **B**

URKIOLA

Mayor, 7. Tel. 943 08 61 31
El cogote de merluza, el rodaballo y el chuletón de buey son las especialidades más destacadas. Buena selección de productos. Bodega cuidada.
Precio: **B**

Bergara

LASA

Zubiaurre, 35.
Tel. 943 76 10 55
Los ahumados y las recetas de caza son lo más distinguido de su carta. Cocina de gran personalidad y lograda resolución. Magnífica repostería. Disfruta de un bonito emplazamiento en el palacio de Ozaeta. Precio: **A**

Eibar

ARRATE***

Ego Gaín, 5.
Tel. 943 20 72 42
www.hotelarrate.es
Situado en el centro de la población, es moderno y funcional. Habitaciones equipadas con corrección, al igual que sus dos salones para reuniones de empresa y convenciones. Habitación doble: 68-82 €.

ARTOLA

Plaza Unzaga, 7.
Tel. 943 20 63 48
Prepara platos bien resueltos en línea con una cocina de corte popular. Utiliza verduras cultivadas en un huerto propio. Recomendables los lomitos de rape. Precio: **B**

Lazkao

MONASTERIO CISTERCIENSE DE SANTA ANA

Elósegui, 44.
Tel. 943 88 05 52
La hospedería, una casona de más de cien años, anexa pero independiente, está abierta tanto a grupos como a personas solas cuyo fin sea el de la oración y la búsqueda de sí mismos.
Precio: la voluntad.

Loiola

CENTRO DE ESPIRITUALIDAD DE LOIOLA

Tel. 943 81 05 08
En el mismo lugar donde nació y pasó su juventud san Ignacio de Loyola. Hace hincapié la comunidad en que sólo reciben a quienes se acerquen con la intención de retiros que los ayuden en la búsqueda del Señor y de la fe. Pensión completa: 27 €.

Oñati

CASA DE EJERCICIOS DEL SANTUARIO DE ARANTZAZU

Tel. 943 78 13 15
Cuarenta años llevan las franciscanas haciendo de esta casa un lugar de encuentro para aquellas personas que desean pasar unos días junto a ellas preguntándose sobre el sentido de su vida espiritual y otros matices.
Precio: consultar.

ETXE AUNDI*

San Pedro, 9.
Tel. 943 78 19 56
www.etxeaundi.com
Casa palacio de los Lazarraga, del siglo XVII.
Su restaurante goza de gran prestigio y constituye el centro del negocio. Interiores decorados en un estilo moderno que combina materiales como el cristal, el hierro y la madera con un mobiliario sencillo y de aires clásicos.
Habitación doble: 55 €.

MONASTERIO DE SAN LORENZO

Arantzazu, 18.
Tel. 943 78 05 11
Monasterio moderno. Salir a pasear por el monte está permitido y recomendado,

siempre y cuando el motivo sea de índole religiosa y el silencio forme parte del equipaje. Todos los oficios son en euskera. Precio: consultar.

TXOPE-KUA

Barrio de Urribarri, 5, ctra. de Arantzazu. Tel. 943 78 05 71
Platos del recetario vasco elaborados con buenas materias primas. De postre, tarta de queso o cuajada.
Precio: **A**

ZELAI ZABAL

Ctra. de Arantzazu, km 8 (Arantzazu).
Tel. 943 78 13 06
Cocina creativa y moderna con recetas cuidadas. Postres en la misma línea. Servicio atento.
Precio: **B**

Ordizia

MARTÍNEZ

Santa María, 10.
Tel. 943 88 06 41
Al frente de este local familiar trabaja la cuarta generación. Ofrece una sabrosa cocina de mercado regional. Aconsejable el menú del día. Dispone de una animada barra para tapear. Postres en la misma línea.
Precio: **A**

Tolosa

CONVENTO DE SANTA CLARA

Santa Clara, 2 A.
Tel. 943 67 15 60
La casa de oración es la continuación de los históricos muros de un convento que se construyó en 1666. El huésped se sentirá como en su casa, pero las estancias deben ser por causas religiosas.
Precio: la voluntad.

ORIA*

Oria, 2. Tel. 943 65 46 88
www.hoteloria.com
Edificio con fachada de ladrillo poco atractiva. Las habitaciones, completas en equipamiento, modernas y confortables, siguen un estilo funcional con detalles vanguardistas. Gimnasio con sauna de vapor. Servicio atento y dispuesto.
Habitación doble: 65-71 €.

ASADOR CASA JULIÁN

Santa Clara, 6.
Tel. 943 67 14 17
Histórico local pionero en la técnica de los asados. Sus chuletas a la parrilla alcanzan un punto excepcional. Postres caseros. Precio: **A**

FRONTÓN

San Francisco Ibiltokia, 4.
Tel. 943 65 29 41
El talento innovador de su cocina alcanza los postres, tan cuidados como el resto. Buenas materias primas. Dispone de terraza para el buen tiempo. Precio: **B**

NICOLÁS

Avda Zumalacárregui, 6 bajo.
Tel. 943 65 47 59
El punto fuerte de su carta continúan siendo las carnes asadas en parrilla de carbón. Además, platos como el bacalao fresco y los pimientos del piquillo. Postres típicos.
Precio: **A**

SAUSTA

Paseo de Belate, 7-8.
Tel. 943 65 54 53
Conjuga con acierto la cocina vasca tradicional y las tendencias de vanguardia. Interesantes menús del día. Recomendable la merluza rellena de centollo y el *confit* de pato. Postres refinados.
Precio: **B**

Villabona

ARANTZABI

Caserío de Arantzabi-Amasa, s/n. Tel. 943 69 12 55
Recetas de corte casero y tradicional basadas en la cocina vasca. Repostería cuidada.
Precio: **A**

Zaldibia

ARRESE

Plaza de Iztueta, 21.
Tel. 943 88 17 14
Ofrecen platos clásicos del recetario vasco. Caza y setas en temporada.
Precio: **A**

Zestoa

BALNEARIO DE ZESTOA***

Paseo de San Juan, 30.
Tel. 943 14 71 40
Se encuentra en una hondonada rodeada de montañas y cubierta de una exuberante vegetación. Su interior destaca por la grandiosidad de los espacios y está impregnado por un ambiente *belle époque*.
Habitación doble: 68-82 €.

Zumarraga

ETXE-BERRI**

Barrio Etxeberri.
Tel. 943 72 12 11
www.etxeberri.com
Edificio construido sobre una antigua sidrería-merendero de tradición centenaria. Los interiores recuerdan a una casa burguesa de principios de siglo, poblada de objetos originales y de valor. Ambiente acogedor.
Habitación doble: 53 €.

ETXE-BERRI
Barrio Etxeberri, s/n.
Tel. 943 72 12 11
Recetas de temporada inspiradas en la cocina vasca. Antigua sidrería ubicada en un paraje de ensueño.
Precio: **A**

KABIA
Legazpi, 5. Tel. 943 72 62 74
Acogedor restaurante que ofrece una sabrosa sopa de hongos y buenos platos de pescado. Carnes de calidad. Postres refinados.
Precio: **A**

Vizcaya/ Bizkaia

Abadiño

MENDIZÁBAL JAUREGIA
Zeletabe, 6 (barrio de Zalaieta). Tel. 946 21 41 23
Actualiza con acierto las recetas tradicionales de la región. Platos de generosas raciones. Recomendable el costillar de lechal al horno. Postres típicos.
Precio: **A**

Amorebieta-Etxano

CASA DE ESPIRITUALIDAD SANTA TERESA DE JESÚS
Barrio Larrea, 2.
Tel. 946 73 05 44
Grupos de cualquier mística, aunque no sean católicos, son bienvenidos siempre que respeten las reglas señaladas por la comunidad. Hay una huerta biológica impresionante, de la que se nutren religiosos, huéspedes y vecinos.
Precio: consultar.

BOROA
Barrio de Boroa (Zornotza).
Tel. 946 73 47 47
Las propuestas de Javier García son una atractiva mezcla de cocina tradicional, recetas de producto y platos creativos de autor. Siempre lleno. Precio: **A**

HORMA-ONDO
Barrio Bernagoitia, 5 (Zornotza). Tel. 946 73 34 15
Elabora una cocina muy personal basada en la calidad de las materias primas. Recetas de temporada. Aconsejables las carnes y pescados preparadas al carbón vegetal. Bodega cuidada. Servicio de categoría. Precio: **A**

Artzentales

AMALURRA
Barrio La Reneja, 35 (Traslaviña).
Tel. 946 10 95 40
www.amalurra.com
Coqueto hotel rural de 17 habitaciones acompañado de un albergue ideal para grupos.
Habitación doble: 60-75 €.

Atxondo

MENDI GOIKOA***
Plaza de San Juan, 33 (barrio de Axpe). Tel. 946 82 08 33
Con una clara vocación de servicio y raudales de buen gusto, además del apoyo de las ayudas oficiales al agroturismo, ha acometido la regeneración de dos caseríos gemelos del siglo XVIII en el valle de Atxondo, cerca de Durango. Los interiores exhiben el entramado de madera, visillos de encaje en las ventanas y distintos elementos del ambiente rural, como una piedra de molino o un antiguo arado. Desde el porche lateral, a la sombra del monte Amboto, se puede admirar el paisaje otoñal de los prados rodeados de pinares en todo su esplendor; o contemplar la lluvia tras los cristales. Y cuando el sol asoma, nada mejor que salir a dar un paseo por el monte.
El restaurante del hotel es ya un clásico en el valle, alabado por su cocina regional actualizada con acierto por José Luis Ibarra, su completa bodega y sus postres caseros.
Habitación doble: 90 €.

ASADOR ETXEBARRI
Plaza de San Juan, 1 (barrio de Axpe). Tel. 946 58 30 42
Bonito caserío donde Víctor Arguinzoniz selecciona pescados y carnes rojas inmejorables que, preparadas a la brasa, rozan la perfección. Cada producto se trabaja con un tipo de leña diferente. Precio: **A**

Balmaseda

SAN ROQUE**
Campo de las Monjas, 1.
Tel. 946 10 22 68
Antiguo monasterio de Santa Clara en cuya rehabilitación para uso hotelero se ha respetado la piedra y la pátina del pasado. Conserva el pozo original, la escalera de madera de roble, la iglesia, la casa vicarial y las celdas.
Habitación doble: 62 €.

Karrantza

CASA DE ESPIRITUALIDAD Y ACOGIDA VICENTE PALLOTTI
Barrio del Molinar, 17.
Tel. 946 80 60 02

Un bello caserío vasco-francés. Es frecuentado sobre todo por grupos interesados en cursos de autoestima y sanación, retiros organizados por la comunidad y dirigidos por psicólogos, fisioterapeutas, sacerdotes, etcétera.
Precio: consultar.

Durango

GRAN HOTEL DURANGO****
Gasteiz Bidea, 2.
Tel. 946 21 75 80
www.granhoteldurango.com
Casa palacio del siglo XIX cuya construcción principal conserva su estructura original —piedra de sillería, balcones de forja y cubierta de teja árabe— y alberga las mejores estancias. El resto se encuentra en un edificio anexo. Todas han sido decoradas en un estilo clásico menos suntuoso que el que exhiben los espacios comunes.
Habitación doble: 132 €.

IKUSPEGI
Barrio de Goiuria, 12 (Iurreta).
Tel. 946 81 10 82
Recetas evolucionadas de la cocina vizcaína. Domina el punto de los asados. Postres reconfortantes. Precio: **A**

Elorrio

ELORRIO***
Barrio San Agustín, 10.
Tel. 946 23 15 55
Moderno, funcional y de atmósfera tranquila.
Habitación doble: 76 €.

Zalla

IBARRA***
Avda. Barrio Llantada, 11 (Sollano-Llantada).
Tel. 946 39 17 01
www.euskalnet.net/h.ibarra
Ofrece habitaciones amplias y luminosas, así como diversas instalaciones orientadas al turismo vacacional.
Habitación doble: 55 €.

Índice general